BIOGRAPHIES
WORLD NOBEL PRI

诺贝尔奖获奖者传记丛书

CAMILO JOSÉ CELA：A BIOGRAPHY

塞 拉 传

杨中秋◎著

时代文艺出版社

授奖辞

Award-winning Remarks

他对当代美国小说做出了强有力的和艺术上无与伦比的贡献。

——诺贝尔奖委员会

目 录
Contents

001 / 序言
Preface

001 / 第一章　金色的记忆
Chapter 1 Golden Memory

　002 / 1.绿色的弗拉维亚
　Green Flavia

　007 / 2.童年的车轮
　The Wheels of Childhood

　014 / 3.青春的躁动
　Restlessness of Youth

021 / 第二章　初露锋芒
Chapter 2 Previews Talent

　022 / 1.坎坷的文学之路
　Rough

　028 / 2.惊世骇俗的小说处女作
　The First Novel

　034 / 3.轩然大波
　The Great Disturbance

　039 / 4.不拘一格
　Eclectic

　045 / 5.一次深有感触的旅行
　A Travel with Deep Feeling

051 / 第三章　艺术顶峰
Chapter 3 Artistic Peak

052 / 1.《蜂房》的写作背景
Writing Background of The Hive

056 / 2.五年磨一剑
Five Years of Hard Writing

063 / 3.《蜂房》的主要内容
The Main Content of The Hive

069 / 4.《蜂房》的特点与评论
The Features and Comment on The Hive

075 / 第四章　光环之下
Chapter 3 Under the Honor

076 / 1.一纸禁令
A Ban

081 / 2.出人意料的美洲之行
An Unexpected Trip to the America

089 / 3.定居帕尔马
Settle in Parma

094 / 4.276期杂志
276 Phases Magazines

100 / 5.当选院士
Become an Academician

108 / 6.900平方米的别墅
900 Square Meters Villa

115 / 第五章　高潮迭起
Chapter 5 Climax

116 / 1.《没有爱情的寓言小札》
The Loveless Fable

122 / 2.《秘密词典》
Secret Dictionary

127 / 3.《圣·卡米洛，1936年》
San Camilo, 1936

133 / 4.再推力作
Masterpiece

138 / 5.登上文学的最高殿堂
Chapter 6 Except Muse

143 / 第六章　缪斯之外
Chapter 6 Except Muse

144 / 1.父子情深
Father and Son

150 / 2.朋友之谊
Friendship

156 / 3.多角色的尝试
Multi-role

162 / 4.永远的争论
Eternal Debate

168 / 5.尾声
End

179 / 附录
Appendix

180 / 塞拉生平
Camilo José Cela's Life

182 / 获奖辞
Award-winning Remarks

185 / 获奖时代背景
Award-winning Background

188 / 塞拉年表
Camilo José Cela Chronology

195 / 获奖当年世界大事记
World Events in the Year of Award-winning

Contents | 目 录

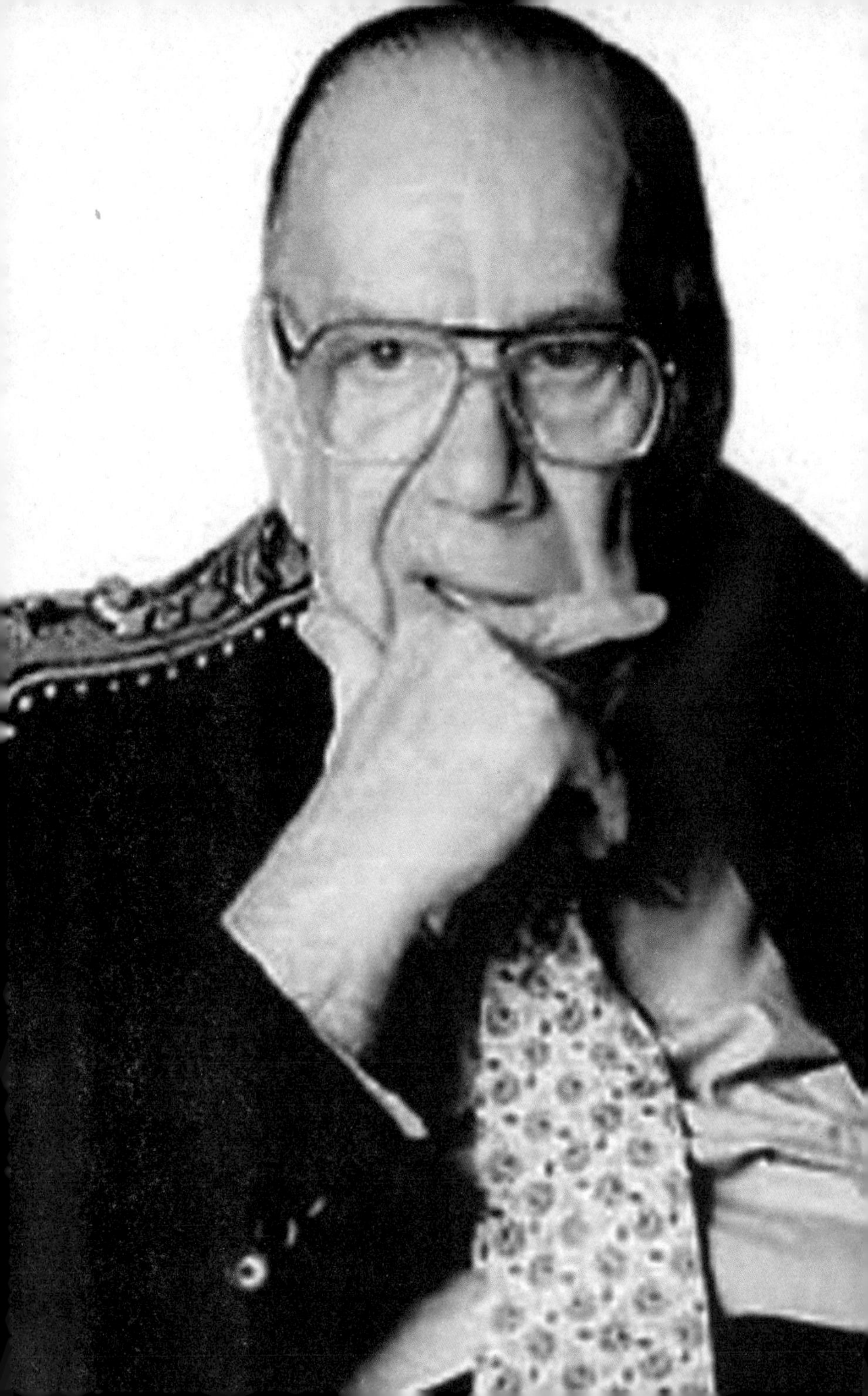

序言

被誉为"西班牙文库"的诺贝尔奖获得者——塞拉

1989年10月19日,对卡米洛·何塞·塞拉和整个西班牙来说都是一个值得纪念的日子。在这一天,因为"其丰富多彩而色调强烈的叙事作品,带着有节制的同情,勾画出了一幅孤独无助者的令人动心的形象",设在斯德哥尔摩的瑞典皇家学院决定将该年度诺贝尔文学奖授予这位为西班牙文坛做出巨大贡献的作家。

在瑞典皇家学院给予塞拉的授奖辞中一开始就写道:"卡米洛·何塞·塞拉写了将近上百本书,可以构成个图书馆。在其中,我们能找到最令人惊讶的截然不同的作品,有轻松幽默的民间故事,同时还有几部属于欧洲文学中最晦涩和忧伤的作品。"

其实,早在十几年前的1976年,塞拉就作为诺贝尔文学奖的候选人进入了瑞典皇家学院的视野。随后,他的这个名字便年复一年地一直出现在最有可能获奖的候选人名单之中。最终,在经过了漫长的时间检验和洗涤后,终于在1989年，这位一直在西班牙存在着争议的语言大师，在包括卡洛斯·富恩特斯和奥克塔维奥·帕斯在内的其他几位杰出的西班牙语作家中脱颖而出，站上了瑞典皇家学院的红地毯。

塞拉从19世纪30年代开始，到2002去逝，在其长达六七十年的文学生涯之中，创作了包括诗歌、散文、随笔、剧本、短篇小说、回忆录等上百部作品。在这其中，他创作的大量长篇小说对西班牙文学发展产生了很大的影响，并造成的强烈的冲击。

塞拉是西班牙文坛上最有影响力和最富有创新精神的作家之一，他的第一部小说处女作《帕斯夸尔·杜阿尔特一家》一诞生，就引起了强烈的反响，为后来发展起来的"社会现实主义"小说开辟了道路，而且还在其随后的创作中不断地进行各方面的探索。

塞拉作为一名在西班牙和世界文坛上知名度颇高的作家，虽然无论在其生前还是死后都存在一些争议和非议，但瑕不掩瑜，作为一个有着高产量和高成就的"最后一位伟大的西班牙作家"，在其半个多世纪的创作生涯中对文学发展所做出的贡献是巨大和不容磨灭的。他所留下的上百部各具特色的文学作品，也必将成为"西班牙的文库"而载入史册，永远熠熠生辉！

Chapter 1

CAMILO 第一章　金色的记忆
JOSÉ CELA

1. 绿色的弗拉维亚

伊里亚·弗拉维亚·加利西亚是西班牙加利西亚自治区拉科鲁尼亚省的一个乡村小镇。它处在萨尔河与尤拉河交汇处，是一片绿色的谷地，挺拔苍翠的树木，郁郁葱葱的庄稼，从高处望去，如一块碧绿的翡翠静静躺在这里，给人一种宁静祥和的感觉。1916年5月11日，卡米洛·何塞·塞拉就出生在这里。

塞拉的父辈都是土生土长的加利西亚人，而他的母亲卡米拉则是有着英国人和意大利人血统的混血儿（塞拉的外祖父是英国人，外祖母是意大利人）。因此，在塞拉的身上，流淌着西班牙、英国和意大利三个国度人的不同血液，这也让塞拉从小就有着与众不同的特点和个性。

塞拉的父亲作为一个地地道道的加利西亚土著人，能和有着外国血统的卡米拉结合在一起，说起来中间还有一段浪漫温馨的小插曲。

那是一个阳光明媚的春日，塞拉的父亲到他的朋友约翰·特鲁罗克家里去玩。当时，塞拉的父亲是一个年轻的海关官员，而特鲁罗克则是塞拉父亲的挚友。有空闲时，他们经常在一起喝着咖啡或威士忌聊天，谈到高兴之处，便会放声大笑起来。

这天，正当塞拉的父亲和特鲁罗克聊得开心时，特鲁罗克那个调皮的小女儿卡米拉走了过来。卡米拉比塞拉的父亲小十五岁，是特鲁罗克非常宠爱的小女儿。她从小就生性好动，特别调皮，爬房顶、跳墙头、向邻居扔石头等，经常做一些男孩子的举动，高兴时还会跳到河里游泳，一游就是几个小时。

这次不知小卡米拉想起了什么，突然心血来潮地跑过来要特鲁罗克给她买只小毛驴。虽然平时特鲁罗克对小卡米拉宠爱有加，但今天女儿的要求却让他犯起难来了，因为家里不仅从来没有养过驴，而且也没有养毛驴的地方。于是，特鲁罗克极力地劝说自己的女儿放弃这个不切实际的、突如其来的想法。但卡米拉这天不知怎么了，无论特鲁罗克怎样哄劝，就是不听。

塞拉的父亲看到特鲁罗克陷入困境，便过来安慰卡米拉说："卡米拉，别着急，过几天你就会有小毛驴了，到时我送你一个怎么样？"

卡米拉听塞拉的父亲这么说，特别高兴，便哼着小调欢蹦乱跳地走了。

过了几天，当卡米拉已经快把这事儿淡忘的时候，塞拉的父亲真的给她送来了一只小毛驴，只是这只小毛驴不是平常老百姓家里喂养的小毛驴，而是一只小巧精美的金质毛驴。原来，那天塞拉的父亲回去后，就委托圣地亚哥城里的一个金银匠打制了这只小毛驴。这只金灿灿的小毛驴不禁让卡米拉喜出望外，因为这是她所得到的第一件礼物。

Chapter 1 | 第一章 金色的记忆

不知是不是这只小金驴让卡米拉对塞拉的父亲一下子拉近了感情，还是从小就有着朦胧的喜欢，从这以后，他们之间的距离一下子亲近了许多，后来随着时间的推移，两人之间的感情逐步加深，虽然他们之间相差十五岁，但这并没有成为他们牵手的障碍。1915年，在卡米拉长到二十岁的时候，两个年轻人终成眷属，结成一对让人十分羡慕的伉俪。

结婚的第二年，他们的爱情结晶——小塞拉就呱呱坠地了。作为家里的长子和第一个男孩儿，塞拉的父亲为其取了一个跟自己一模一样的名字——卡米洛·何塞·塞拉。让人比较感叹的是，塞拉的爷爷也是这个名字，以致后来塞拉自己结婚生子后，也一成不变地把这个名字传承了下去。

塞拉的出生为全家人带来了巨大的欢乐，上上下下都为家里添了这么一个白胖漂亮的小男孩儿而感到高兴。可是，这种高兴并没有持续多长时间，因为在塞拉出生后不久就生病了，而且还差点夭折。从这以后，塞拉的身体状况成了全家人关注的焦点，而小塞拉好像也故意让家人为他担惊受怕似的，隔不了几天就会有点小毛病发生，不是冷着了就是热着了，使得一家人不停地为他提心吊胆，生怕有个什么三长两短。好在随着时间的推移和年龄的增长，塞拉也平安地成长起来了。

塞拉的父母家在当地都是非常富有的大户人家，家里不仅有深宅大院，而且还雇有保姆、厨师、女佣和花匠等。这种优越的生活环境和条件，让塞拉从小受到无尽的宠爱。

塞拉在很小的时候，曾在他父亲的出生地图伊度过一段美好的时光。图伊是葡萄牙边境的小镇，这里到处都是绿色，而且有着自家那幢宽大、漂亮而又舒适的房子，有充满着浓郁香醇气味的葡萄酒和酒窖四周那五颜六色的大片花圃。所有的这一切都给了幼小的塞拉美的享受和久远、深刻的印象。

塞拉的父亲年轻时，也曾做过文学梦，梦想着有朝一日能成为著名的作家，于是有一次心血来潮后，他办了一个半政治性、半文学性的杂志，取名叫《汪汪》，并且亲自设计了一个刊头——在他主办的这个杂志的刊头上，画着一只小狗，正冲着天空中一轮明月吠叫。

《汪汪》是个不定期出版的刊物，那时塞拉的父亲还并不十分有钱，每当他攒够30个杜罗便会出上一期。后来，塞拉的父亲成为了一名海关官员。在当时，政府官员要经常不断地出差和调动。这样，他就不能持之以恒地去打理这个名不见经传的杂志，所以没过多久，他所创办的《汪汪》便停刊了。

塞拉的父亲要经常在外奔波，结果不仅影响了他文学梦的发展，也使他不能时常留在家里照顾陪伴自己的妻儿。这也使得塞拉从小对父亲就有一种陌生感和神秘感。

在塞拉的记忆里，父亲是个不苟言笑的人，性格甚至有点儿内向。他曾回忆说：

> 我用了很多年才了解了自己的父亲，而他也同样用了许多年才了解我。我们俩一度认为对方是傻瓜，但是后来我们发现我们俩谁都不是傻瓜。我父亲从来没对我十分亲密，毫无疑问，这造成我们迟迟不能深入地了解对方。

塞拉的父亲生性暴躁、爱冲动，而且也特别固执，只要他脑子里认准一件事，谁都无法改变他的想法。他要做的事，便一定要做到底，还要做好。即使偶尔遇到一些特困难的东西，也无法改变他，把他拉回来。

　　塞拉父亲的这种百折不挠的倔强劲头儿多少也遗传给了塞拉，并在塞拉以后的生活和事业中产生了不小的影响。另外，塞拉父亲性格中那种对死亡的蔑视也特别让塞拉感到钦佩，因为每当塞拉的父亲谈起死亡时，总会给人一种轻描淡写的感觉，好像就是在说一件极平常的、微不足道的小事。

　　相比于塞拉父亲的经常奔波和见不到面，塞拉的母亲则从最开始就较好地扮演了自己的慈母角色。塞拉从小在母亲小心翼翼的呵护下长大，因此塞拉和母亲之间有着深厚的母子之情。塞拉的母亲跟她自己复杂的血统一样，也有着复杂的性格特征：虽然塞拉的母亲小时候特别活泼爱动，颇有些男孩子的那种野性和作风。但在其结婚后，作为女人骨子里的那种贤妻良母的内在温柔就逐渐地显现了出来，并让塞拉真真正正感受到了母亲的温暖。

　　除此之外，塞拉的母亲对事物的与众不同认知和描述方式也给幼年的塞拉留下了深刻的印象。如：塞拉的母亲在描述玫瑰的香味时，会说玫瑰的香味像那座小桥的轮廓一样；会说天鹅绒摸上去柔软得如同贝多芬的钢琴曲《献给艾丽斯》；会说这些草莓的滋味就像磨房水中的月亮一样，等等。

　　塞拉的母亲这种由"视觉—听觉—嗅觉—触觉—直觉"的综合体的独特表达方式留给了塞拉深刻的印象。在他的认识里，自己的母亲有着一种与生俱来的文学天赋。

其实，在塞拉出生之后，塞拉的母亲还先后生过一个小男孩儿和小女孩儿，但可惜的是这两个孩子最后都没有保住，先生下来的小男孩儿（即塞拉的弟弟）一生下来就死了，后来生下的小妹妹也仅仅活了不到十二个月就夭折了。

塞拉的母亲那时才仅仅24岁，在这么年轻的年纪里就接连失去了三个孩子中的两个，这对她的打击无疑是非常沉重的，也让她受到极大的刺激，以致后来好长时间都无法从悲痛中恢复过来，变得神经很脆弱，有时候会每天像个梦游中的人一样，一副若有所思的样子。

不过从这以后，塞拉的母亲对塞拉更是加倍地疼爱起来，生怕有一丁点儿的疏忽。就这样，在父母潜移默化地影响和母亲的精心照料下，小塞拉就像春天里的一株禾苗，沐浴着春风无忧无虑地茁壮成长起来。

2. 童年的车轮

在塞拉童年的时候，父亲工作经常调动，他们的家也不得不时常地变换地方。因此，在塞拉九岁以前的那段时间里，塞拉会经常独自或跟着母亲回到自己的出生地弗拉维亚住些日子。

塞拉的外婆家是当地非常显眼的一幢两层楼的方形大

宅院，在楼的南北两个方向分别有一条可以眺望远处风景的阳台，阳台上都装着雕有精美花纹的栏杆。房子正面种着豆蔓、藤忍冬和玫瑰花等，一年四季都有着绿色的渲染和鲜花的点缀。在房子的四周则是一个面积很大的花园环绕着，花园里除了有各种四季都能应时盛开的鲜花之外，还种着各色的树木，如挺拔的棕榈树、枝叶繁茂的柑橘树、清香的柠檬树和苍翠的松柏等。

塞拉小时候的大部分时间就是在这样的环境中长大的，由于每天都能和大自然亲密接触，再加上家人的宠爱和父母基因的遗传，从而使他养成了自由不羁的性格，非常顽皮和淘气。

在塞拉五六岁的时候，有一次，家中的花匠带他去街上玩儿。当时那天正赶上小镇上的集会，街上除了有卖各色物品和食物的，还有一些艺人在街中心玩杂耍。当塞拉看到一个年轻的男艺人能用自己的头碰碎砖头和瓶子竟然毫发无损时，感到特别惊奇，便问花匠为什么这么硬的东西砸到头上都不会受伤。

当时花匠也正看得上瘾，见小塞拉这样问，就没有在意地随口说了一句："这种把戏咱塞拉也能行！"没想到回家之后，塞拉竟一头钻进厨房，拿出一只盘子，学着街上年轻杂耍艺人的样子，试着朝自己的头上砸去。

一盘子下去，盘子碎成了几片，而小塞拉的脑袋竟然没事儿，也没感觉到特别痛。于是，他又拿起一只盘子接着砸下去……在院子里的外婆听到厨房里声音不对，进去一看，才发现塞拉还在那里正砸得起劲儿呢。

还有一次，小塞拉不知为什么一下子想起了曾在剧场里看过的一个女演员走钢丝的情形，也突发奇想地想学一学，于是便在家里鸡栏的木棍上走，结果刚一踩上去，木棍就断了。他又想在晾衣服的铁丝上练，可女佣人不肯将晾在上面的衣服摘下来，而且晾衣服的铁丝高，他也上不去。

正当闷闷不乐的时候，小塞拉忽然一抬头，看到房子的阳台栏杆，不禁喜出望外。为了防止家人看到他，他选择了房子北面的阳台栏杆，因为房子北面的阳台正对着外面的花园，不会让家里人注意到他。

于是，趁家人不注意时，小塞拉悄悄地来到阳台上。不过，他刚一抬腿跨上栏杆，还没明白是怎么回事时，便一头栽了下去。好在阳台下边种着许多绣球花，这些花正好接住了他，才使他没有摔死，而只是昏了过去。

当时，塞拉的母亲因为自己的三个孩子已失去了两个，所以对小塞拉特别上心，虽不说寸步不离，却也是隔大约十几分钟就找他一次。这天，塞拉的母亲感觉有一会儿时间没见到塞拉的影子了，就开始找他。

原先，每次塞拉的母亲找到他后，母子两个总会有一段情深意切的固定对话：

"你好吗，宝贝儿？"

"很好，谢谢，妈妈。你呢？"

"我也很好，你非常爱我吗，宝贝儿？"

"非常爱，妈妈。你呢？"

"我更爱你。"

"不，是我更爱你。"

……

不过，这次塞拉的母亲喊了半天也没有听到自己儿子的声音，更别说看见自己儿子的踪影了。塞拉的母亲特别担心起来，于是让所有的佣人在全镇范围内去找，但找了半天，出去找塞拉的所有佣人都回来了，还是一无所获。

这下，外婆和母亲真是急得不知如何是好了，商量着是报警还是给在外地公干的塞拉父亲拍电报。正在这时，塞拉苏醒过来，一瘸一拐地带着满脸满嘴的泥土出现在大家面前。看到塞拉的这个样子，众人又惊又喜又心痛，塞拉的母亲一下子把塞拉抱到怀里痛哭起来。

后来，随着年龄的增长，塞拉到了上学的年纪。那时，他正好住在图伊的祖父家里。刚开始上学时，塞拉是班中年纪最小的孩子。他的老师是一个叫堂·路易斯的年轻人。堂·路易斯脾气暴躁，奉行"玉不琢不成器，人不打不成材"的教育信条，所以只要学生稍微犯些错误，他就会用戒尺或小树条抽打学生的手心。只不过由于塞拉的祖父是镇里的名人，有很高的威望，所以在对待小塞拉时手下留了稍许的情面。

当时塞拉所在的学校条件很差，虽说是一所学校，却只有一间光线昏暗的教室，没有院子和操场，甚至连厕所也没有。为了解决学生的小便问题，每当课间休息时，堂·路易斯就会让孩子们在街上站成一圈儿，而他则拿着一根树条当做令旗。

当学生都围成圈儿站好后，堂·路易斯便像一个军官一样，把树条一挥，大喊一声："持枪。"这时，孩子们便解开裤口，掏出"小鸡鸡"。

堂·路易斯再把树条一挥，大喊一声："开火！"学生们一起撒起尿来。

假如说有哪一个孩子违背了堂·路易斯的命令，不想撒尿或撒不出尿来，堂·路易斯便用树条抽这个学生的腿，并说："这是违抗命令的，而这要是在部队是绝对不会允许的。"

当孩子撒尿撒得差不多了，堂·路易斯便又会挥下树条，大喊一声："枪放下，解散！"

随后，堂·路易斯就会走到附近的街角上，在他女朋友的窗下和她聊天。这样，课间的休息就在他与女友的聊天中和孩子们无拘无束地尽情玩耍中度过了。

有时候，赶上堂·路易斯和他的女朋友聊得兴起，孩子们的课间便会无限地延长。这时，塞拉和小朋友感觉玩的时间太长，没什么意思了，便会突如其来地搞些恶作剧，给周围的大人们凭空地添一些乱，一起搞些小儿科的恶作剧。因此，塞拉在那所学堂里基本上没学到什么东西。

后来，塞拉随母亲在自己的外婆那里又接受了一段时期的教育，这段时期的教育是比较正统的，不过因为塞拉的调皮和淘气，塞拉学到的知识也很有限，正如他在回忆中所说的那样：

那是一种非常理性的教育。此外，以前我在英国的母亲家待过，在那里接受过非常严格的维多利亚式教育。当然，都没有什么成效。

或许塞拉天性里有一种淘气的基因在里面，或许塞拉因从小就生活在家庭优越的环境里，所以对学习和以后的人生前途都毫不在意，根本没去想过，也不愿去想。他曾经回忆说：

在我还小的时候，还是个孩子时，每次有人问我将来想当什么，我总是很恼火，因为我什么也不想当，甚至不想长大。当小孩我感到很好。到8岁时，我还不会读书写字，更不会……背乘法表。我对那一切一点也不感兴趣。

不过，虽然塞拉小时候对上学学习的兴趣不大，但他做起其他事来却十分执著，有一股他父亲遗传给他的倔强。

在塞拉还在他祖父家的那年夏天，有一次，塞拉的叔叔见房子里苍蝇很多，便想了个法子，让成天淘气瞎玩儿的小塞拉用书打书房里的苍蝇，并承诺每打死一只苍蝇，就给他5分钱。

听到叔叔的承诺后，小塞拉便拿来一本杂志，卷成筒状，关起门来开始了打苍蝇的"战斗"。不过，这个听起来很美的差事，小塞拉刚开始由于不得要领，不是用力过猛把苍蝇打得稀烂，就是用力不足而打不死，让苍蝇白白地逃脱了性命。

打了一阵，聪明的小塞拉就掌握了要领，可以说发发中的，每一下打下去必会有一只苍蝇成为了他的"书下之鬼"。这样，小塞拉越打越起劲儿，到最后一数，竟打死了118只。这让他叔叔大为惊讶，没想到这么小的塞拉竟有着这样争强好胜的劲头。

在塞拉小时候，有一段时间还一度产生了强烈地想成为发明家的梦想，他和他的一位年龄相同的小表弟设想了好几种发明。在这当中，有一项是他们曾发明了一种独特的语言，这种语言被塞拉他们称为"巴拉布尔语"。

塞拉发明的这种"巴拉布尔语"当然并不复杂，只是在西班牙语单词前加上"巴拉布"几个字。比如说："大家好"，就变成了"巴拉布大，巴拉布家，巴拉布好"。但是，在自己试用的过程中，这两位"小发明家"也常常互相听

Chapter 1 | 第一章 金色的记忆

不懂对方说的是什么意思。所以，没过两天，他们便决定自行放弃这种"新语言"，不再进行大范围的推广了。

3. 青春的躁动

1925年，塞拉在加利西亚生活了八年之后，随父母迁居到西班牙的首都——马德里。马德里是一座繁华的大城市，这里没有加利西亚的宁静与祥和，有的只是一幢幢拔地而起的高楼大厦和人来车往的喧闹，九岁的小塞拉好像一下子跨进了另外的一个世界。

由于小塞拉从在老家时就不爱学习，所以来到马德里后，虽然其父母立刻把他送进了一所条件比较优越的教会学校，但天性使然还是让小塞拉对学习提不起一丁点儿兴趣，甚至有时会达到近乎病态的程度。

每当上课时，小塞拉总是打不起精神，为了打发漫长的几十分钟，他经常禁不住地搞些小动作，不是动一下这个人，就是打一下那个人，还时不时用各种恶作剧打断老师的讲课。相比于小塞拉在加利西亚上的两所学校，这里的学校更正规、管得更严些，所以受罚成了小塞拉在学校的家常便饭，在课堂上经常被老师扇后脑勺儿或用手指弹脑壳，有时甚至让他当着全班同学的面对着墙壁下跪。

这样一来，小塞拉慢慢地对学习更增加了厌倦的情绪，甚至还一度产生了很深的自卑感,因为他是半路转来的,也没有能谈得来的朋友,所以每次上学对小塞拉来说都是一种折磨。于是,他更加地放纵自己。

终于有一天,小塞拉被这所学校开除了。他的父母给他找了另一所教会学校,但上了没多长时间,这所学校也把小塞拉开除了。这让塞拉和他的父母都很受伤,因为当时教会学校开除学生时都要把这个学生的名字公布出来,让所有的人都知道。这样下来,其他城市的教会学校也都会知道,小塞拉再去哪里上学都会被拒之门外。

没办法,小塞拉的父母只好在很长的一段时间里为他请了一个家庭教师。这虽然放在现在是很平常的事,但在当时的西班牙是个很少见的事情。因此,小塞拉在那段时间里很是郁闷,渐渐地,变得有些内向和不爱说话,还经常躺在床上睡懒觉,或一个人坐着发呆。

小塞拉一方面感觉自己什么都不如别人,别人也都看不起他,另一方面又有一种发自内心的自负。他希望别人尤其是漂亮的女孩儿能关注他、多看他几眼,但又从内心里排斥他们。这种矛盾的心理如时常变幻的天气那样忽冷忽热地在他身上交集着,让他幼小的心脏有种承受不了的沉重。

好在塞拉终于断断续续地上完了中学,虽然其间是因父亲多方托人说情,学校才勉强收下的。不过即使在后来的学校里,少年塞拉也很少有自己的朋友,总喜欢独来独往,对学校的老师和班里的学生总是不由自主地抱有蔑视的态度和敌视的心态。

Chapter 1　第一章　金色的记忆

相比于在加利西亚度过的温暖惬意的金色童年，少年塞拉在马德里度过的这一段时光里，除了学校的不如意外，留给他的还有很多无尽的伤感：先是一个与小塞拉能玩得来的邻家大男孩儿不幸死去；接着，没过多长时间，小塞拉的一个小表妹和一个小表弟也相继夭折。

这些接二连三发生的悲剧让塞拉本来就脆弱的心理又增加了一丝暗色。在那些日子里，小塞拉经常一个人在夜间到街上游荡，并且专门找些恐怖的地方去。有时候，他也经常跑到附近一座不知名的楼里去，随意找一户不知名的人家按响门铃，然后便内心惴惴不安又装做特别淡定地等人家来开门，等人家把门打开后，便一本正经地问："这是塞拉的家吗？"当人家说不是时，他便会装做歉意的样子说："哦，对不起！"然后便转身离去。

塞拉还在那时的一段时间内尝试着喝酒，想把自己喝醉、喝上瘾，并最终喝成电影中所见到的酒鬼的样子，不过最终还是没喝上瘾，这让塞拉自己都感到特别失败。有时感到郁闷，塞拉也会装成瘸子或瞎子，一个人走到大街上，故意做出惟妙惟肖的方式，引得路人驻足观看。

塞拉在那时甚至还认为现在大城市都应该来一次毁灭，然后再一切重新开始，因为他感觉城市里的人太缺乏同情心了，根本没有存在的必要。为此，他甚至曾经多次想到了死亡，并在一天夜里下定决心，自己一定要在20岁之前死去，万一到时死不了，也坚决在长出第一根白头发时自杀，跳崖或跳海，什么方式都行，因为如果活到老再慢慢死去绝对是一种愚蠢的行为。

少年时期的塞拉就这样在自己情绪的反反复复中慢慢长大。在这段时间里，十来岁的小塞拉竟然三次离家出走，并且有两次是心不由衷地走了出去。当然，每次出走后，经过不多时间，他都被家人心急火燎而又无可奈何地找了回来。

就这样又过了几年，性格脆弱的塞拉终于由一个瘦小的少年变成了英姿勃发的青年。他也开始像其他同龄的男孩儿一样开始了恋爱。不过，让人奇怪的是，家庭条件非常好又非常英俊挺拔的塞拉，所谈的女朋友几乎都是出身低下的女孩儿（如裁缝铺女学徒、洗衣女工、织补女工等），当然最后也都无果而终了。

1931年，经过西班牙人民的长期斗争，终于推翻了封建君主专制制度。波帝王朝的最后一位国王阿方索三世携带家眷逃往国外，西班牙历史上的第二共和国成立。那时，塞拉正在马德里他父亲所办的海关学校里学习。塞拉和他的同学们亲眼目睹了人们高唱着《马赛曲》、挥舞着旗帜在大街上欢庆胜利的场面，内心十分激动。这也使他有很深的感触。

当时，塞拉虽然按照父亲的意愿进了自家所办的海关学校，但对他来说，并不是很情愿的事情。一是塞拉的父亲本身就是个令人生畏的老师，塞拉和他的同学都很怕他。塞拉本来就不是一个自觉而又好学的学生，所以面对他父亲所教授的枯燥的政治和地理课，他甚至感到有点儿不知所措，再加上塞拉一想到从学校毕业后就要分配至很远的地方当一名海关人员，就更是感到厌烦。

为了打发枯燥的时间，从那时起，塞拉就开始背着父亲偷偷地去大学的哲学系和文学系读书，听当时西班牙著名的诗人和剧作家讲课。也就是在这一时期里，塞拉对文学产生了极大的兴趣，几乎把一多半精力都用在文学上了，而对于海关的课程只是应付一下，想混到毕业完事。

在这一段时期里，随着阅历的增长和阅读量的增加，塞拉已彻底告别了原先那个软弱的自己，变成了一个充满自信和意志坚强的青年。他认为，意志是成功的关键，这比智慧更重要。所以，他也对自己充满了信心，认为只要做自己想做的事，能坚持下去，就什么都能成功。

从这个时候起，塞拉开始尝试着写诗，梦想着在以后能成为一个著名的文学家或诗人。不过，过了没多久，塞拉患上了肺结核，只能在家卧床休养。这时的塞拉对死亡的看法已和少年时期的他有了截然相反的看法，他认为人不应该早早地在20岁时就死去，而是应该活到100岁，尽情享受生命的赐予，既然病了，就不要太着急，就应该安心地调养，把实现奋斗目标的期限延长就行了。

因此，在这次患病的休养期间，塞拉把自己的心态调理得非常好。他非常听医生的话，严格地遵照医嘱，十分准时地服药，没事时就躺在长沙发上休息，以便改变自己的身体状况，尽快地从疾病中摆脱出来。

就在塞拉患病休养的时期里，塞拉父亲的作家朋友借给了他几本当时在西班牙比较有名的哲学家和散文家奥尔特加的著作。塞拉如获至宝，从头到尾一口气读完。接着，他又从别处找到了几十卷曼努埃尔·里瓦德内伊拉的古典文学丛书，不但一页没落地读完，而且遇到比较难懂的地方时还进行了反复的研读。

除此之外，塞拉还先后阅读了自己比较喜爱的洛佩·德·维加、卡尔德隆·德拉·巴尔卡、塞万提斯和克维多·比列加斯等著名作家的作品。通过阅读这些作家的经典作品，塞拉不仅开阔了自己的视野，还进一步增加了对文学的爱好和自己终生写作的决心与信心。

Chapter 2

CAMILO 第二章　初露锋芒
JOSÉ CELA

1. 坎坷的文学之路

宽大平坦的前额，有点儿过早上延的鬓角，长脸尖下颌，两颊凹陷，外加细长的脖子上突出的喉结和略有点含胸的瘦高身材，这所有的一切都让年轻的塞拉给人以一种比较酷的感觉。

那时的塞拉浑身充满了活力，他经常用自己那种近乎冷酷的目光，似乎不带任何感情地看待周围的世界。在那一个时段里，青年塞拉时常把他那深色的直发向身后梳去，不过却总会留有一撮头发向一侧龇出来，一如他那桀骜不驯的性格，让人感到他的与众不同。

塞拉从他父亲的海关学校毕业后，又在大学里学过医学和其他专业，但都半途而废。不过，这并不妨碍他与生俱来的文学才华的显露。他一有空就去文学系听课，并且经常参加大学举办的文学沙龙。也就是在星期日举办的这种文学沙龙，塞拉认识了包括加西亚·洛尔卡、巴勃罗·聂鲁达、米盖尔·埃尔南德斯和马克斯·奥夫在内的一批当时西班牙著名的作家。这些作家不但拉近了塞拉和文学的距离，而且让塞拉的一生受益匪浅。

从20世纪30年代开始，塞拉就开始尝试着写作诗歌，并在1935年发表了他的第一首诗歌——《无尽的爱》。这首他的文学处女作发表在阿根廷一家叫做《寓言》的杂志上。从这开始后的两年里，塞拉还陆陆续续写过一些诗。这些最初的诗歌作品后来都被收进了他的一部名为《踏着白天游移的光》诗集中。

对于塞拉的这种对文学近乎痴迷的爱好，塞拉的父亲和母亲采取了两种截然不同的态度。有着"与生俱来的文学天赋"和浪漫气质的塞拉的母亲一直希望自己的儿子能当个画家、音乐家或者诗人，而不是像其他普通女人的儿子那样成为建筑工程师、物业管理人或是政府的律师。所以，塞拉对文学的爱好一直受到他母亲的大力支持。

相比于塞拉母亲的支持和鼓励，塞拉的父亲则对此不屑一顾。在他眼里，吟诗作画是懒汉庸才干的事，自己这么优秀的儿子怎么会喜欢上这种没有出息的东西呢？因此，塞拉在去哲学和文学系听课时，都是背着父亲的——在那时，年轻的塞拉已经下定决心，一定要把写作坚持下去，并宣称自己以后将成为全世界著名的作家。

不过，任何事情都不会像预想的那样一帆风顺，作为一个个体的人做什么事当然也要受很多影响，年轻的塞拉当然也不会例外。1936年7月，西班牙内战爆发了，这使得一直眷恋着缪斯女神的塞拉也一样不能置身其外地专心从事文学创作。

原来，自1931年西班牙推翻封建君主专制制度并建立了第二共和国之后，国内的局势就一直动荡不安，社会矛盾日益激化。一方面，由军队、僧侣及富豪组成的右翼集团对共和国怀着极为仇视的态度，一直从事着颠覆和破坏活动；另一方面，共和国内部的左翼社会党人和一些工会组织则认为共和国的政策还太软弱、太保守，对资产阶级有些过分地偏袒，他们主张进行彻底的革命，即消灭资产阶级，建立一个真正为无产阶级服务的工农政府。

就这样，西班牙国内的左翼和右翼两大集团为了维护各自的信仰和利益，一直进行着对抗和冲突。到1936年年初的时候，西班牙国内的局势已变得非常紧张。

1936年1月，代表左翼集团的共产党、社会党以及左翼共和党等组织联合成立了"人民阵线"，在2月16日的选举中大获全胜，并由左翼共和党人阿萨尼亚出任共和国总统。人民阵线在选举中获胜对右翼集团不啻为又一个巨大的打击，为了能够让形势朝着有利于他们的方向发展，右翼集团采取了罢工、恐怖行为、游行示威和骚动等手段，千方百计地设法在国家经济和政治生活中制造混乱，从而达到他们破坏左翼共和派政府威信的目的。

据不完全统计，仅仅在1936年5月15日至7月15日这短短的两个月之内，由右翼集团发动起来的总罢工就有95次，局部性罢工更是达到200次以上。

由极右翼集团发动的罢工游行和骚动等把西班牙的经济生活和社会生活都引向了混乱，这种混乱的现象也把小资产阶级和中产阶级的某些阶层吓住了，因而引起他们反对共和国。另外，持续不断的骚动和混乱还把一部分有保守思想的知识分子推到了反对派一方。

到1936年夏天，局势的发展说明暴乱已迫在眉睫，左右两个互相对立的集团都认为自己能战胜对方，取得最终的胜利。因此，两个营垒之间的一场殊死决战已不可避免。

1936年7月18日，西班牙内战全面爆发，在西班牙的所有城市几乎都发生了战斗。在这次的西班牙内战中，武装力量80%的官兵以及大部分的国民警卫队站在以佛朗哥为首的叛乱分子方面；而普通劳苦大众则自发地武装起来捍卫共和国，与叛军展开了激烈的战斗。在这场历时三年的西班牙内战中，由于德、意法西斯的直接武装干涉，加之在美国的怂恿下，以英、法为首的欧洲各国都采取了所谓的"不干涉"政策，导致战局一步步朝着有利于以佛朗哥为首的叛乱分子的方向发展。

1939年4月，经过三年的浴血奋战之后，以佛朗哥将军为首的叛军取得了这次战争的最后胜利，西班牙共和国被一个法西斯独裁政权所取代。

这场历时三年的内战给西班牙人民带来了巨大的灾难，没有人精确地统计过在这场战争中有多少西班牙人丧失了生命。据推测，仅在战场上的死亡人数就达到近百万。而在后方根据地，也有20万人被杀，将近50万人被迫离开西班牙，流亡到欧洲和美洲各地，还有数十万幢房屋和几千座教堂被毁。

这次内战不仅对西班牙造成了巨大的物质损失，对西班牙人民造成的精神创伤更是不可估量，在以后相当长的时间内，内战的阴影一直笼罩在整个西班牙人民的心中，对西班牙社会各个领域造成了久远深刻的影响，尤其是对20世纪30年代的年轻一代的成长产生了巨大的不可估量的影响。

塞拉在这次内战开始时，还在学校读书，刚刚开始进行文学创作的尝试。在当时浓厚的文学气氛中，年轻的塞拉正如饥似渴地汲取文学的营养。虽然后来内战的爆发破坏了这种文学环境，但由于塞拉早已立下志愿要成为一名作家，所以即使在战火纷飞的岁月里，他也没有放弃自己的文学梦想。

在1936年马德里受到叛军猛烈进攻的日子里，塞拉躲避空袭时，仍在一处地下室里陆续写出了一些反映年轻诗人志气和抱负的诗歌。虽然这些诗歌在艺术手法上有些许的不足，但塞拉这些受到超现实主义诗歌影响而创作的贯穿着死亡、性和自我审视三个主题的诗歌，后来都被收录在1945年结集出版的诗集《踏着白天游移的光》中。

1937年10月，塞拉参军了，他作为当年应征的新兵，被编入拜伦第24步兵团服兵役。塞拉在部队服役的两年时间里，虽然没有时间进行文学创作，但是仍旧利用一切可能的机会和时间阅读文学书籍并钻研西班牙语，为日后的创作打基础。

后来，在一次训练中，塞拉负伤被送进医院，虽然经治疗后伤愈出院，却已无法再重返前线。军事医学法庭宣布塞拉不再适合服兵役，批准他返乡。就这样，塞拉在部队服役了两年后回到了加利西亚的家中，在1940年重新回到了马德里。

当时，在马德里，长枪党妇女部办有两份定期出版的杂志《伊》和《梅迪娜》，这两份杂志每期都有固定的文学栏目，塞拉最初的创作都发表在这两本杂志里。

1940年2月，塞拉的一篇题目为《巾自尔多·巴桑的照片》发表在《伊》第25期上。在这以后，塞拉在几位作家朋友的鼓励下，陆续在《梅迪娜》杂志上发表了几个短篇故事，其中包括《堂·安塞尔莫》、《马尔塞罗·伯里托》、《堂·戴维》和《卡塔利尼达》等。1942年又发表了《堂·璜》。

塞拉所发表的这些短篇故事均有一位主人公，每个主人公的名字就用来作为故事的篇名。他所写的这些故事充满幽默并使人感到亲切。

当时，塞拉作为一名年轻的作家，在西班牙还没有什么名气，所以，他力图扩大自己的影响。除了在《梅迪娜》上发表作品外，他还为《向上》和半月刊《插图与标记》撰稿。这是塞拉文学创作的起步阶段。

在这一塞拉文学创作的起步时期，他曾回到大学学习过法律专业，但依然没有毕业便放弃了。此后，塞拉为了能够在经济上取得自立而四处求职，曾经试着干过许多不同的工作，但最后不是工作不合他的心意，便是中途被老板辞退，没有一个能干得长久的。

1941年年底，塞拉又得了一次大病，被迫卧床休息。他便又利用这段空闲的时间大量读书，并在病好后以更大的热情投入到文学创作中去。后来，塞拉终于在"全国纺织工会"得到一份抄写员的工作。虽然这份工作报酬比较低、职位也比较低下（用塞拉的话说，他在全国纺织工会里位居第二，是倒数的，只比看门人稍微强点），但是因为塞拉不仅能非常好地胜任这份工作，更主要的是能挤出时间从事文学创作，所以他对这份工作非常满意。

在那一段时间，塞拉经常徒步走到"希洪"咖啡馆去参加文学聚谈会，与经常光顾那里的一群作家、诗人、哲学家、艺术家或者根本无所事事而有同样爱好的朋友在一起谈文学，谈艺术，谈人生。"希洪"咖啡馆和另外的两个地方——"格兰·维亚酒吧"与"丽丝酒吧"成了塞拉在文学道路上最重要的一个休息交流之处。

2. 惊世骇俗的小说处女作

1942年，塞拉创作的第一部小说《帕斯夸尔·杜阿尔特一家》出版了。这部小说一问世，立刻在西班牙文学创作界、批评界和读者中引起强烈的反响。它以恐怖的情节使文坛震动，从而率先给西班牙第二次世界大战后沉寂的小说创作注入了某些生气，也使当时年仅26岁的塞拉成为西班牙文学界一颗冉冉升起的耀眼的新星。

《帕斯夸尔·杜阿尔特一家》这部小说描写了一个名叫帕斯夸尔·杜阿尔特的死囚，他在狱中记下了自己痛苦的一生和极端邪恶的家庭生活：

帕斯夸尔的父亲是粗野的走私商贩，常出入监狱，母亲是个邪恶的女人，两人都嗜酒如命。他父亲被疯狗咬伤后，又被人关进壁橱里，结果在极端痛苦的挣扎中死去。他弟弟玛里奥4岁时被一头猪咬掉了耳朵，在10岁时掉进了一只大油桶里惨死，而他母亲没流一滴眼泪。

后来，帕斯夸尔结婚了，但他和妻子的第一个孩子小产了，第二个孩子在1岁时因病又夭折了。同时，他的妻子与母亲成天吵架。他出走两年后回到家中，发现在母亲的怂恿下，妻子竟与妹妹原来的情人——绰号叫"掐脖子"的流氓埃斯提拉阿私通。当妻子突发急病死去之后，他就掐死了那个流氓，为此被判了28年徒刑，但只关了3年就释放了。出狱后，他发现妹妹在母亲的支持下又当上了娼妓。他再婚后，家庭仍被母亲闹得鸡犬不宁。在极度的痛苦和愤恨的情况下，杜阿尔特终于持刀杀死了自己的母亲。

这部作品一开始就介绍了小说的主人公帕斯夸尔从小的生活环境是一个与世隔绝的偏僻的小村庄——这种与生俱来的艰苦环境对帕斯夸尔性格的形成起到了重要的作用；接着又写他的父亲性情粗暴，发起脾气来总是抡起棍子，照着他和母亲就打，没头没脸地狠揍；而他父亲的生气发怒又是家常便饭，常常为一点小事就大发雷霆。为了制服父亲，母亲也经常以牙还牙，跟他对打。那时帕斯夸尔才几岁，没有别的办法，只好常常咬牙忍受自己的亲人所给予的没来由的皮肉之苦。

相比于父亲的暴躁脾气，帕斯夸尔的母亲也是个火暴性子，而且是个文盲。于是，父母两个人的打骂也成了家常便饭。生活在这样恶劣的艰苦环境和家庭中，帕斯夸尔的童年生活暗淡无光，幼小的心灵受到极大的伤害。由于看惯了过多的家庭暴力，他长大后视暴力行为为正常事，从而心灵也过早地产生了扭曲。这为他以后杀死妻子的情人"掐脖子"和自己的母亲做了重要的铺垫。

"抻脖子"是个专门靠女人养活的无赖,曾当过几天斗牛士。在帕斯夸尔看来,"抻脖子"是毁了他妹妹一生的仇人,因为他妹妹做妓女的收入都被"抻脖子"拿走了,有时嫌她挣得少,还劈头盖脸地揍她一顿。对于这个无赖,帕斯夸尔恨之入骨;而"抻脖子"却还在几个场合对他挑衅,进行污辱。这些都对后来帕斯夸尔最终杀死"抻脖子"埋下了伏笔。所以,当后来"抻脖子"又一次深深地伤害了他的自尊和人格时,他终于按捺不住地将其杀死。

对于自己母亲的这种仇恨,帕斯夸尔也说不清是从何时开始的。他曾经绞尽脑汁思索着,想知道她是从什么时候起在他心中失去了母亲的形象,又是从什么时候开始成为自己的"仇敌":也许最开始是由于自己父亲死后,母亲与村里的拉法挨尔勾搭成奸,使他心中充满了怨恨;后来,当他那个不满10岁的残疾小弟弟不幸溺死在油缸里的时候,他看到母亲连眼泪都没有挤出几滴,于是心里更加剧了对母亲的仇恨。

在帕斯夸尔看来,没有比同一血统间产生的仇恨更令人切齿的了。所以,自此以后,母亲成了他心目中最狠毒的敌人。当这种内心深刻的仇恨积累到一定程度时,终于在一个合适的时候爆发了,他最终杀死了自己的母亲。

帕斯夸尔在杀死自己的母亲后,对自己的行为曾有过这样的一段独白:

> 我将不会感到良心的谴责,为什么要遭谴责呢?良心只谴责非正义的行动,譬如用棍子打无辜的小孩儿,

打落一只飞雁……而对因深仇大恨而引起的行为,一个像着了魔的想法使我们在昏昏沉沉的朦胧状态中所干的一切,我们永远没有懊悔的必要,良心也永远不会谴责我们。

话虽这么说,但是当帕斯夸尔手持柴刀站在熟睡的母亲床前的时候,仍有些犹豫,仍进行着激烈的思想斗争:

不管怎么说,她毕竟是我的母亲,是生养我的女人啊!就凭这一点,也应该饶了她……不!不能因为她生了我就饶了她。不错,是她将我带进了尘世,但她并没有给我任何好处,一点好处也没有……

最终,帕斯夸尔杀死了自己的母亲,因为他认为他来到尘世上只是受罪,他的一生就是在苦难中煎熬着过来的,而这一切的主要原因在于母亲把他带到了这个世界,并且母亲本人也加剧着他的痛苦。当然,帕斯夸尔没有认识到,他生活痛苦的根源不是自己的母亲,而是他生活的这个社会,而且自己的母亲也是这种痛苦生活的牺牲品之一。

《帕斯夸尔·杜阿尔特一家》出版后,犹如在战后西班牙死水般的文坛投下了一块巨石,顿时激起层层波澜,因为塞拉用这样一个故事,让人们认识到:战后的西班牙社会,并不像当局者喋喋不休地宣扬的那样令人鼓舞;相反,在这些歌舞升平的表面现象下,掩盖着无数普通西班牙人残酷的生活现实,他们被社会遗忘在一边,挣扎在贫穷和苦难之中。

《帕斯夸尔·杜阿尔特一家》的发表对当时西班牙的文坛产生了强烈的冲击,因为在当时的西班牙所盛行的文学,或者说所发表的文学作品，全是极力歌颂完美的现实和美好的生活，歌颂英雄主义和表面的辉煌。在这样的一个西班牙，《帕斯夸尔·杜阿尔特一家》却刻画了一个暴行累累的人物，他有着暴躁甚至疯狂的行为。这样一本振聋发聩的小说，毫无疑问地显示出从另一个角度对人的观察，而这种角度当时是未被注意到的，或者确切地说，是当时文学所不愿看到的。

由于这部小说对西班牙现实生活中的阴暗面所做的揭示令许多人感到惊讶和恐怖，一些文学评论文章开始把塞拉的《帕斯夸尔·杜阿尔特一家》称做"恐怖现实主义"小说。但是，塞拉本人对这种评价却不以为然。他不认为自己的小说是开创了什么"恐怖现实主义"的流派，他承认小说中的确描写了一些可怕的场面，但那并不是他凭空杜撰出来的，因为在当时的西班牙农村中，这类现象并不鲜见。

书中的主人公帕斯夸尔虽然沦为杀人犯，但作者对他仍寄予了同情，是现实社会存在的弊病，是西班牙农村中普遍存在的愚昧现象和各种陋习，使帕斯夸尔一步步走向犯罪，他们是被这个社会所遗忘的、生活在一种几乎非人的环境中的一群小人物。读者可从下面主人公的一段话中看出作者所持的同情态度：

> 先生，我并不是坏人，尽管我身上并不缺少成为坏人的种种因素。世上所有的人出生时都有着相同的血肉之躯，然而，当渐渐长大时，命运却喜欢把我们当做蜡人来随意捏弄，安排我们从各不相同的道路走向死亡的终点。有些人，命运让他们走在铺满鲜花的道路上；另一些人，命运却令他们走上布满荆棘和仙人掌的路途。

有的人目光清纯，在幸福的熏陶中，满脸天真的微笑；有的人则忍受着原野上酷烈的日头，像自卫时的山猫一样紧锁眉头。

另外，塞拉认为，《帕斯夸尔·杜阿尔特一家》之所以写成今天这个样子，是因为他觉得只能这么写，只有以这种方式，才能准确地传达出社会生活的真面貌。塞拉的这种创作手法，从实际效果来看，的确影响到一部分作家。他们纷纷将目光投射到战后西班牙满目疮痍的社会生活中，为其后发展起来的社会现实主义小说铺平了道路。

《帕斯夸尔·杜阿尔特一家》作为当时一部逆潮流而动的小说，虽然并不是一部洋洋洒洒的鸿篇巨著，但却不失为一部经典之作，不但对当时西班牙文坛造成不可忽视的冲击，并且由此开创了"恐怖现实主义"小说之流派。著名的西班牙当代诗人何塞·耶罗在谈到塞拉这部小说的重要意义时说：

必须考虑到，当他发表《帕斯夸尔·杜阿尔特一家》时，在（文学）观念和发展趋势上有很大的分歧，有的作家正在按照佛朗哥政府的授意搞一种遵命文学，也有的作家想回到先锋派文学中去，而当时已不可能再恢复先锋文学了。生活中充满着现实，然而，只有塞拉最恰当地用他的恐怖现实主义，用那种畸形的赤裸裸的现实，将新小说引上轨道。因此，他所扮演的是小说创作的领路人和疏导者的角色。仅就这一点，他的得奖便当之无愧。此外，他仅仅用一部出色的小说、一部精致的杰作，即《帕斯夸尔·杜阿尔特一家》就完成了这种疏导。

3. 轩然大波

塞拉的《帕斯夸尔·杜阿尔特一家》是他从1940年开始创作的。当时，塞拉在全国纺织工会内找到一个抄写员的工作。这种动笔杆子的工作对塞拉来说是挺合适的，在工作之余，他利用一切时间开始构思和创作他的第一部小说。

当时，塞拉所在的办公室就是纺织工会阴暗、狭窄的厨房。对此，塞拉毫不在意，当自己手头的工作完成后，他就将自己关在这个窄小的空间里不停地写着。不知什么人将他写小说的事传到了上司的耳朵里。一天，纺织工会的主席将他叫到自己的办公室里，于是也就有了下面的这一段对话：

"据我所知，您正在写什么诗歌？"

"对不起，先生，我写的是小说。"

"那你滚吧！从现在起你被解雇了。"

"好吧，那就再见啦！"

……

就这样，塞拉告别了他这份相对比较满意的工作，但他的写作并没有停止，他依旧独自躲在自己的家里进行着自己的创作。在那段时间里，塞拉写累的时候，还是经常到"希洪"咖啡馆与他的文友们聚谈，就是在那里，他向他的朋友们朗读了《帕斯夸尔·杜阿尔特一家》里的部分章节，用来听取这些文友们的意见和建议。

经过一年多的辛勤劳动,当塞拉终于完成了这部小说的创作之后,便开始自己寻找出版商,希望能把自己的这部小说尽快出版。然而,在西班牙20世纪40年代的那种氛围中,想找到一家愿意发表《帕斯夸尔·杜阿尔特一家》这种书的出版商并不是件很容易的事,何况塞拉当时还只是个名不见经传的青年作家。因此,虽然塞拉在写作完成后,一直不停地四处奔波,但在很长的一段时间内却总是碰壁——那些并不真正懂文学的出版商在读了他的作品之后,无一例外地认为是劣等货色,根本无法出版,即使出版了也没人会看,那样他们就会赔本。他们中甚至有人劝塞拉:趁着年轻,还是赶紧改行干点儿别的吧。

对此,塞拉并没有气馁,小时候的经历和来自父亲血液里的那种倔强的遗传基因,造就了他不服输的性格,这家不行就找那家。终于,在历尽了一次次地碰壁和一次次的不懈努力后,他的这一部惊世骇俗的小说终于在1942年出版了。

当时,经历了几年的西班牙内战,佛朗哥政权才建立没多长时间,书刊的检查在当时是特别严格的。按常理来说,塞拉的《帕斯夸尔·杜阿尔特一家》这种与当时社会氛围相违背的作品是很难通过审查关的,但它最后还是顺利通过了——也许这要得益于当时塞拉还是位毫不知名的作家,负责审查的官员对他的作品根本没有在意。

《帕斯夸尔·杜阿尔特一家》发表之后,塞拉非常兴奋,他特意跑到马德里格兰·维亚大街上的"埃斯帕萨·卡尔佩"书店去了解情况。作为一个初出茅庐的青年作家,当然一般的人是不会认识他的,于是塞拉便装做买书的读者,一边浏览图书,一边暗自观察是否会有人购买他的这本著作。

当时,在这家书店的一张桌子上放有一摞《帕斯夸尔·杜阿尔特一家》,大约有七八本的样子,不过很长时间过去了,却一直没有人碰它们。后来,终于有一位40岁左右的中年人走过去,拿起一本《帕斯夸尔·杜阿尔特一家》翻了翻,然后又仔细地读起来。

见有人看自己的小说,塞拉心里非常高兴。不过没看多长时间,那位中年人很快又把书放回了原处,继续在店里转着看其他的书籍。后来,这位中年人先买了一本恺撒的《高卢战争》,随后又转了一会儿,再次走回塞拉的那一摞书旁,重新细细地看了看《帕斯夸尔·杜阿尔特一家》并买了一本,然后将两本书夹在腋下,头也不回地走出了店门。

见到终于有人买他的小说,塞拉特别地激动,他飞快地追出去,拉住那买书的中年人,带着满面笑容,非常殷勤地对他说:"先生,您想要作者签名吗?"

那位中年人低头看看手中拿着的书《高卢战争》,再抬头不解地看看塞拉,随后脸色大变,撒腿便走。也许他在想,这个瘦高个的人竟自认为是恺撒,肯定是发疯了吧!当然,这位塞拉的第一个读者,做梦也没想到眼前这个瘦高的年轻人竟是他手中拿着的另一本书的作者,以后闻名世界的诺贝尔奖获得者——卡米洛·何塞·塞拉。

塞拉终于成功了。在这年的12月25日,塞拉的朋友和一些崇拜者为他在"民族"咖啡馆组织了一次庆祝会。不知那些当初拒绝出版塞拉这本小说的出版商们后来是不是把肠子都悔青了，因为这本曾被他们认为毫无价值的小说居然成为继著名的《堂·吉诃德》之后发行量最多的一部西班牙小说——它几乎被翻译成世界上所有最重要的文字，而在世界各国拥有大量的读者。

由于当初佛朗哥政府书刊检查制度的不完善和负责审查的官员的疏忽，而让《帕斯夸尔·杜阿尔特一家》得以顺利出版并引起了巨大反响的事实，也在政府内部引起了轩然大波。为此，检查当局从1943年开始接连发布了两道查禁和收缴这部小说的命令。

塞拉所写的《帕斯夸尔·杜阿尔特一家》给当时的政府所造成的冲击和引起的轩然大波，可以从当时的新闻署长和宣传署长互致的信中明显地感觉到。

1946年6月，当时的新闻署署长托马斯·塞罗·科罗查诺在给当时的宣传署长彼德罗·罗卡莫拉的信中写道：

亲爱的罗卡莫拉：

我遇到一件书刊审查方面的事情，是关于卡米洛·何塞·塞拉的一本小说，名字叫《帕斯夸尔·杜阿尔特一家》，本书的第四版，有马拉尼翁博士作的序言。我猜想这本小说是得到有关的批准才出版的。考虑到也许对你有用，谨告诉你，书中主人公描述了他母亲和他自己妻子的通奸行为，他妹妹当妓女的生活，他在墓地里强奸村上一位姑娘的场面，而且就在刚刚埋葬了他弟弟的坟头上，而这一切他都描写得"那么野蛮残忍"（这不是我的话，而是引用的第140期《教会会友》上刊登的文章中的原话）。我坦率地对你说，我个人认为这本小说是绝对无法容忍的。如果你需要这本小说，我随时可以提供给你。顺便说一句，为它还花费了我40比塞塔。

拥抱你。

托马斯·塞罗

一星期之后，宣传署长彼德罗·罗卡莫拉回了一封信：
亲爱的托马斯：

你本月11日关于卡米洛·何塞·塞拉的小说《帕斯夸尔·杜阿尔特一家》的来信收阅，特回此信。

我觉得卡米洛·何塞·塞拉是个精神不正常的人，我很愿意终止他的公民权。几天前，在乘飞机由巴塞罗那返回的两个小时的旅途中，我曾阅读了他的小说。在回到家里之后，我有一种生病的感觉，浑身上下说不出的难受。我家里人把它归结为乘飞机的反应，但我确信这是塞拉造成的。这的确是一本不可避免地会让人感到恶心的小说。

这本小说是我到任之前获准出版的。我当署长期间，精明的塞拉先生企图出版的唯一一部小说被我禁止了，对此我非常得意。我会很高兴在俱乐部和咖啡馆向朋友展示这份审查文件上的禁令。

紧紧地拥抱你！

彼德罗·罗卡莫拉

在第二封信中，宣传署长提到的他上任后查禁的塞拉的一本小说，指的是塞拉的另一部代表作《蜂房》。从这两位署长的信中，我们可以清清楚楚地看到佛朗哥政府把塞拉的小说几乎是当成传播瘟疫的病毒了。

4. 不拘一格

卡米洛·何塞·塞拉的小说处女作《帕斯夸尔·杜阿尔特一家》的问世，成了他文学创作生涯的一个转折点，因为从这一刻起，标志着塞拉由一个默默无闻的青年作家成功地踏入了西班牙杰出作家的行列。塞拉的名字也经常出现在人们的嘴边和报刊的评论文章中。

第一部小说所取得的巨大成功，出乎塞拉自己的预料，也对年轻的塞拉起到了极大的鼓舞作用，不过，虽然声名鹊起，但在经济方面却没能使他彻底摆脱困境。为了养家糊口，塞拉曾经同时为几家报纸撰稿。在这其中，接触较频繁的是《向上报》。

《向上报》的总编是由后来担任巴塞罗那最著名的报纸——《先锋报》社长的哈维尔·埃查理担任的。哈维尔·埃查理在当时力所能及的范围内，把《向上报》办成了一份具有自由派倾向的报纸，吸引了许多具有相同思想倾向的作家为《向上报》撰稿。

在当时，塞拉虽然仅仅是普通的合作者之一，但却成了编辑部里几乎每天都去的常客，之所以这样，一是因为那里免费提供咖啡，有时还能喝点酒；另外，他去了可以亲自监督排版，把他的稿子放在较好的版面。除此之外，最主要的是他当时也的的确确没有多少事可干，在编辑部里，正好可以和朋友们在一起。

由于塞拉和总编哈维尔·埃查理私交不错，报社付给他的稿酬是相当慷慨的——其实当时的哈维尔·埃查理并不太喜欢塞拉在他的报纸上写的那些文章。所以，许多年之后，当塞拉已经成为西班牙皇家学院的院士时，哈维尔·埃查理坦率地承认说，他没有想到塞拉会取得如此大的成就。

除了《向上报》，塞拉当时还经常为著名的《西班牙人报》撰稿。1943年，他的第二部小说《静心阁》就是首先以连载的形式刊登在《西班牙人报》上的。

《静心阁》是和塞拉的第一部小说《帕斯夸尔·杜阿尔特一家》风格迥然不同的作品，以致在1944年，《静心阁》由马德里的一家名叫"阿弗罗迪西奥·阿瓜多"的出版社整理出版时，立刻引起了读者的注意。

《静心阁》里没有《帕斯夸尔·杜阿尔特一家》里那种暴力和残忍的场面，而像一篇散文诗，充满着人情味和浓厚的抒情色彩。以致在《静心阁》第一版的序言中，连塞拉本人也对这本书的体裁产生了疑问，他在序言中写道："这里，我献上一部对我来说很难加以归类的作品……从哪一点上说它是小说，这是我所不清楚的……我相信会有肯定和否定的各种评论。"

塞拉的《静心阁》缺少矛盾冲突，整个故事线索并不明确，非常细微，用塞拉的话说："有时（故事线索）竟从我笔下游走了。"

不过，当时的许多文学评论家充分肯定了这部小说的文献价值，他们认为："这是一部奇特的书，融合了科学和文学、疾病和爱情、现实和激情……"作品中描写了"许多种奇怪的死亡——被宣判的死亡和有预见的死亡，这些全都在一个较长的垂死过程结束"。"肺结核引起的死亡有令人惊讶的细微区别，而卡米洛·何塞·塞拉却能够细致入微地将其描述出来……"

《静心阁》写的是一群肺结核病人在疗养院里的生活。这些病人由于来自不同阶层、有着不同经历，所以面对死亡时表现出了各自不同的态度。这与德国作家托马斯·曼的小说《魔山》的题材有着许多相似之处。

当然，塞拉能够创作出这样一部小说，与他自己分别在1931年和1942年两次因肺病住进疗养院的切身经历密切相关。因此，小说中的许多情节都是由他自己的个人经历，外加想象糅合在一起加工而成的；《静心阁》里的疗养院，也不是塞拉住过的那两所疗养院中的任何一所，而是两者的结合物。

《静心阁》作为塞拉所创作的第二部知名的小说，其重要之处在于塞拉从艺术上进行了新的探索，其中使用的一些创作手法，在他20世纪50年代以后的作品中得到了延续和进一步的发挥。例如：《静心阁》所采用的"多主角"叙事方法，在他的代表作《蜂房》一书中得到完善；《静心阁》中用"充满诗意的表现手法"来挖掘人物飘忽不定的意识的手法，在其后来发表的《圣·卡米洛，1936》和《复活节早祷式》中得到更为完美的体现。

另外，从创作《静心阁》开始，塞拉比较注重小说的结构。《静心阁》共分两部分，每一部分包括七章，每一章都由一位人物通过回忆、写信或日记来表现一段故事。小说中的主人公都没有名字，只是用他们在疗养院居住的房间号码来区分、来代表。

在《静心阁》这部小说中，塞拉描写了一些病人相互间的爱情故事：

在疗养院期间，52号和37号之间产生了炽热的恋情，52号女主人公喜欢上了帅气的37号，每当他们会面时，52号就会把桌上放着的她未婚夫的照片扣过去；而103号又狂热地暗恋起了52号，把她当做梦想中的姑娘苦苦追求着。

另外，14号房的年轻诗人被40号那位冷漠的女孩儿所吸引。11号则在疗养院写了许多封热情洋溢、充满真挚感情的情书给自己的未婚妻，后者最终回了一封绝交信。不过，让人感慨的是，就在信送到的几个小时前，这个充满浪漫情怀的11号已带着对未婚妻的眷恋和憧憬告别了人世。

塞拉在这部小说中，除了着重描写和刻画这些肺病患者那脆弱而又充满求生欲望的内心世界外，还在其中穿插讲述了一些表现健康人粗俗和自私特点的场景和事例，从而跟那些肺病患者形成鲜明的对照。

场景一：在厨房里，厨师长恶声恶气地和他的女帮厨谈话，最后当厨师长从女帮厨短短的话里知道了眼前的这个女人已怀上了他的孩子时，不无冷漠地让她到城里去"把一切都解决了"……

场景二：在办公室里，一位住院医师正在向疗养院里的领导们汇报情况。住院医师统计说，在过去的这一年里，全院收治的120名病人中，共有52人死亡，彻底康复的却只有5人，局部康复的也不过仅仅9人。最后，医生们从病人的利益考虑，建议能投资几百万，并预计说这笔投资将在8至10年中收回。股东们虽然答应要"研究研究"，但兴趣不大，因为如果用这几百万投资做别的"生意"的话，收益将会更加丰厚。

场景三：在洗衣间，一位健壮强悍的女护士毫无同情心地哈哈大笑着向人讲述她如何看到一位死去的患者，并绘声绘色地讲这位死去的浑身一丝不挂的患者是以什么样的动作和姿势倒在血泊中的。

塞拉通过对病人和健康人的种种表现进行对比，形成了强烈的视觉和感觉反差，取得了明显的戏剧性效果。从中也可以反映出作者对那些时刻遭受着死亡威胁的人们所寄予的同情，希望能引起社会的关注。

塞拉在《静心阁》这部小说中，虽然在人物刻画上不够细腻和丰富，不能说是一部杰出的文学作品，但仍可说是一部值得赞赏的小说，尤其是这部作品富有抒情诗色彩的风格，受到作家和文学评论家们普遍的赞誉。

西班牙诗人何塞·加西亚·涅托就曾在写给塞拉的信中写道："你是一位诗人，卡米洛，对于这个走来呼唤你为父亲的声音，你不能充耳不闻。我们期待着那一天，而现在，我们更好地理解了那贯穿《静心阁》的震撼人心的抒情性。"

1944年，塞拉的另一部小说《小癞子新传》也在马德里出版了。这本由马德里"拉纳韦"出版社出版的小说，被列入了该社编辑出版的一套名为"优秀作家优秀作品"的文学丛书之中。

《小癞子新传》是塞拉仿照西班牙16世纪流浪汉小说的形式创作的。流浪汉小说出现在16世纪中叶，当时西班牙的政治、经济和社会道德日益衰落。就在这种大背景下，以社会上大量的破产者——流浪汉为主角，用自传体写成的小说——流浪汉小说诞生了。流浪汉小说的现实主义创作方法，对整个欧洲文学的发展产生了极其重要的影响。

在《小癞子新传》中，塞拉通过"小癞子"的种种历险和不幸的遭遇，讽刺和鞭挞了西班牙社会的病疴，揭示了现实生活中的贫困和愚昧。这部小说是塞拉创作生涯中一部比较独特的小说，跟他的其他作品有很大的不同。

在谈到这部文学作品的创作时，塞拉说，这是他当时"想试验一下自己作为一名作家的成熟程度"，其目的在于想"获得一种根源于民众的语言，基于口头语言而不是书面语言的西班牙语，它能够作为自我实现（创作）目的的工具"。

《小癞子新传》在塞拉全部作品中虽然并不占有重要的位置，但是它和塞拉的《静心阁》等其他作品一样，都是塞拉用不拘一格的创作手法创作的，体现了塞拉一贯的创新精神和贴近现实的风格。

5. 一次深有感触的旅行

1944年，塞拉与他心仪已久的恋人罗莎里奥·孔德走进了婚姻的殿堂。可以说，1944年和1945年是塞拉人生中最丰收的季节，他不但完成了人生中最重要的一件大事——结婚，而且文学创作也非常丰富：除发表了《静心阁》、《小癞子新传》两部重要的小说外，还出版了诗集、短篇小说等，并与多家报社合作，采写专访文章，他的作品也接二连三地被选入各种文学作品集或丛书，成为当时西班牙深受瞩目和赞扬的一位年轻作家。

1946年，幸福又一次降临在塞拉的头上：在这一年，他的儿子降生了。夫妇俩给儿子取名叫卡米洛·何塞·塞拉·孔德。刚当上爸爸的塞拉经常久久地注视着襁褓中的儿子，内心无比幸福。

不过，不久之后，塞拉便告别了妻子和幼小的儿子，踏上北去的路途，到西班牙的乡村去游历。这是因为，在那段时间里，塞拉感到已厌倦了马德里的生活：在马德里这个嘈杂的大城市里，塞拉和当时大多数年轻人一样，每天都要为生计而奔忙，生活得非常辛苦；他除了去各报社奔波之外，余下的时间就是和那个时代所有年轻作家一样无所事事，将大好的时光都消磨在咖啡馆和与朋友们的谈话聊天之中了。于是，塞拉想找一个"贫穷而又陌生的地方去安安心心地旅游一番"。刚开始时，塞拉计划去北方的莱昂地区，但因觉得实在太远，加上自身经济能力也有限，最终先选择了距马德里仅仅一百公里的阿尔卡利亚地区。

阿尔卡利亚位于马德里东北方，是新卡斯蒂利亚自治区的一部分，是西班牙著名的蜂蜜产地。当时陪同塞拉一起旅行的还有另外几位年轻的作家，他们也都想到一个"荒僻的、有牧人和羊群以及蝴蝶"的地方去徒步旅行。这样，他们便一拍即合，结伴上路了。

刚开始上路时，塞拉与他的这些朋友们并没有很明确的想法，只是计划从瓜达拉哈拉出发，再回到瓜达拉哈拉，做一次环绕旅行。不过，计划赶不上变化快，后来在整个旅行过程中，他们一般是先到达一个村庄，看看那里发生些什么，然后再选择一个认为合适的方向重新上路。如果遇上过路的合适的长途汽车或卡车的话，他们就坐上车；否则，就徒步旅行。

在旅行过程中，塞拉的旅行经费少得可怜，但并没有对他造成太大的阻碍。在其整个的旅途中，他几乎什么地方都住过，有时甚至住在村镇的街巷中。不过，塞拉每去一个地方，都遵照着流浪汉的行事原则，即在每一处的停留都不超过一天——如果那样的话，人们就会对他产生反感。

塞拉的这种流浪汉式的旅行方式虽然并不总是适用，但好多时候还是比较顺利的。比如：有一次，有一个村长热情地接待他并安排他住进客栈。当然，他在其他地方也遇到过麻烦：有一天，当塞拉旅行到一个叫布迪亚的小村子时，这个村子的村长曾以莫须有的罪名把他关进监狱并投进了地牢，以致当塞拉出来后，对这段经历久久不能忘怀。

当塞拉返回马德里之后，便把他的旅行见闻写成了《阿尔卡利亚游记》。塞拉在写作《阿尔卡利亚游记》时，仅用了六天的时间，便一口气地完成了。后来，塞拉在回忆当时的写作过程时说："6天当中，我不停地写，直到全书完成。同我写所有的书时一样，我是用手写的，因此手肿得很厉害。我只好像巴斯克的运动员那样，把手泡在盐水里。"

《阿尔卡利亚游记》是塞拉完全按照旧有的叙事规律把自己的亲身经历直接写了出来，没有进行任何刻意的文字加工。它最早发表在《西方杂志》上，到1948年才正式成书。

《阿尔卡利亚游记》就像一幕感人至深的展现西班牙农村生活的话剧。塞拉用写实的笔法，勾画出一个混乱不堪的社会及其人群的独特形象，成为整个战后西班牙社会的缩影。

塞拉擅长刻画表面粗暴的人物，在他们粗暴的外表下面，实际上掩盖着内心的脆弱——外在的表现只是为了掩护其胆小的本质。西班牙著名女作家卡门·孔德在她的评论文章中这样评价塞拉："在目前的叙事文学中，很少能看到类似的悟性、朴实、坦诚和对受苦的弱者以及所有需要同情和爱心的人给予赞美，尽管这种赞美在某些场合带有尖刻的嘲讽。"

塞拉在《阿尔卡利亚游记》中，虽然描写了农村贫穷、落后的一面，但整篇游记的基调并不悲观，与其说是抱怨恶劣的生存环境，不如说是在为西班牙人在艰难困苦面前所表现出的坚毅和顽强而喝彩。

在《阿尔卡利亚游记》中，有许多对儿童的描写和对儿童的关注：

一个衣衫褴褛的男孩儿用棍子拨弄着一堆垃圾。当旅行者走过时，他抬起了头，扭向一侧，好像故作不见。那男孩儿不知道，人不可貌相，在这个陌生的、也许表面有点吓人的旅行者胸中，有一颗坦诚的心，就像农户家门一样敞开着。那男孩儿像挨了顿打的狗，眼中充满戒备，他不知道旅行者对所有被抛弃的孩子，对所有天刚放亮就用棍子拨弄新倒的、温热的、散发着气味的垃圾堆的流浪儿，怀着多么强烈的无限温情。

在另一处村庄，他看到另一个值得同情的孩子：

一个生病的孩子，坐在阳光下，读着安徒生的故事，那是一本硬皮装订的漂亮的书。当旅行者经过时，他抬起头，看着他。这是个皮肤微黑的男孩儿，直发，黑眼睛，脸色苍白，他的微笑很优雅，带着早熟的苦涩。他从腰部以下都瘫痪了，总是坐在一张藤椅上。旅行者问他怎么样，孩子回答说很好，非常感谢，还说他正在晒太阳。

母亲走出门来。旅行者要水喝，病孩儿的母亲将他请进屋里,给他倒了一杯葡萄酒。然后告诉他说,那孩子叫帕基托,出生时很好,非常健康,但是突然就出了问题,得了小儿麻痹症,有时候,晚上放他上床睡觉时,常听到他小声地哭泣,一直哭到睡着为止。她还对他说,她尽可能好地照顾孩子,她认为这是上帝交给她背的一个十字架。她另外有过两个孩子,快长大的时候,也都死了。她丈夫说他们这是犯了什么罪过呀?

女人的眼里充满悲伤。她目光定定地看着墙壁,又说:"说到底,这是命中注定的。"

在塞拉的这本游记中,像这样的对儿童的描写还有很多。他虽然没有多加评论,但通过对客观直接的描述和不急不缓、娓娓道来的文字,我们很容易地觉察到作者那颗充满同情的爱心。塞拉想通过对客观真实的记录和描述,为那些可怜的孩子呼吁,并能引起所有人的警觉。

由于战后西班牙农村恶劣的生存环境的影响,许许多多的孩子在很小的时候就要承受他们这个年龄本不应承受的生活重压和折磨,甚至因疾病或事故而伤残或夭折。在一个小镇的广场上,塞拉见到这样一幅情景:

从广场上走过一个少年乞丐,是个傻子,瞎了一只眼睛。他神情呆滞,缓慢、僵直地走着,有十几个孩子一声不响地围着他看。呆傻少年头上的一处伤口还在流血,他的样子很悲伤,一举一动都透着明显的悲伤。他拖动双脚往前走着,手中拄着一根拐杖,弯着脊背,胸部凹陷。傻子用一种颤抖和沙哑的嗓音刺耳地唱道:"我的主啊耶稣/我的主啊耶稣/你那受伤的心/为我而痛苦。"一个背着孩子的女人从自家门口探出身来，大声骂道："狗东西，你怎么还不死！"

塞拉笔下这个受到伤害的呆傻乞丐形象，让很多读者留下了深刻的印象。但是，在那个落后、封闭的乡村地区，人们被沉重的苦难压迫得麻木了，对这些苦难的景象早已见怪不怪了，所以对别人的痛苦已失去了同情心。

除了对人的描写刻画和对人物内心世界的挖掘描写之外，塞拉还在《阿尔卡利亚游记》中用大量的文字描述了大自然的鬼斧神工以及飞鸟和动物：

磨坊的水塘中，游动着一群家鸭，自由自在，尾巴上的羽毛向上翘起，闪闪发光，灰色的羽毛在阳光下反射出绿的、蓝的和红的颜色。有些鸭子在岸边睡觉，有站着的，也有趴着的，把头埋进翅膀里。另一些鸭子嘎嘎叫着，像海员一样，摆动着身子游来游去。旅行者从桥上探身下去，在离水面1米多处向鸭群投些面包屑。鸭子在水面扑打着翅膀急匆匆聚拢来。岸上的鸭子——那些正在睡觉的鸭子，醒了过来，抖动着浑身的羽毛，观察了一下，也扑进水里游过来。

在《阿尔卡利亚游记》中，塞拉所描画的这一幅幅令人心旷神怡的风景画与前面所叙述的众多生活在贫穷和苦难中的儿童形成了鲜明的对比，给人一种强烈的震撼和说不出来的心酸。

《阿尔卡利亚游记》是一次塞拉式的既痛苦而又令人开心的旅行。由于此书优美的文笔和清新的风格，所以一出版就受到了读者普遍的欢迎。《阿尔卡利亚游记》的成功，进一步巩固了塞拉作为"具有创新精神的杰出作家"的地位。

Chapter 3

CAMILO 第三章 艺术顶峰
JOSÉ CELA

1. 《蜂房》的写作背景

1951年,塞拉的著名作品《蜂房》在阿根廷的布宜诺斯艾利斯出版了——在此之前,塞拉曾做过许多努力,希望能在自己的祖国西班牙出版此书,但遭到书刊检查部门的禁止,最终没能如愿。

《蜂房》作为塞拉的代表作,是其最出色的一部作品。早在1945年,塞拉就开始孕育写作这本书了。那一年5月,第二次世界大战结束了,这给所有向往和平的人们带来了最大的快乐,然而带给西班牙佛朗哥当局的却是新的忧虑。

由于西班牙没有参与第二次世界大战,因此它既不在战胜国之列,也不在战败国之中。所以,西班牙既不能接受英雄的荣誉,也无权分享美国为了使战败国摆脱日益增长的苏联影响而给予战败国的恩赐。而且,西班牙在大战期间曾有与德、意法西斯合作过的历史,这使当时西班牙的处境非常糟糕。可以说,当时的西班牙不但无任何利益可得,而且还处在人民对它的非议之中。为此,西班牙佛朗哥当局极力地想消除这一不良影响。

1945年6月16日,在联合国创始国会议在旧金山开幕的前一天,佛朗哥在同合众社国际部主任的谈话中指出:"西班牙正处于走向政治自由的道路上","长枪党处于进步过程中",而且是"实施社会改革纲领以利于人民群众的最有效的工具"。

佛朗哥表示非常希望同英、美合作,并且辩解说,西班牙从来不是希特勒的同盟国,也从来没想过参加战争,非但如此,他还劝告过意大利的墨索里尼不要进攻法国等等。佛朗哥发表这样的演讲和谈话,其目的就是要世人相信,他佛朗哥以及长枪党与轴心国毫无瓜葛。

不过,最后的结果并未如他所愿:1945年6月19日,联合国创始国会议通过了墨西哥代表团提出的决议案,拒绝接受包括西班牙在内的那些在轴心国武力帮助下建立政权的国家参加联合国。

联合国通过的这一决议案让佛朗哥政权非常恼火。除此之外,由于西班牙国内还在实行着大规模的恐怖镇压政策,所以联合国还进一步采取行动,建议其成员国从西班牙召回本国大使,使西班牙在国际上遭到空前的孤立。

在这一时期,旨在促进欧洲复兴的"马歇尔计划"在欧洲开始实施,但西班牙却理所当然地被排除在外。这让遭受国际社会政治孤立和经济封锁的西班牙无法尽快从内战的创伤中恢复过来,城市破败,百业凋零,失业者有增无减,饥饿威胁着城乡的众多居民。

直到20世纪40年代末,西班牙这种遭受国际社会孤立的情形,才随着国际局势的变化和美国政府公开走上"冷战"的道路而逐渐得到改善。1950年,美国重新向马德里派出了大使,并打算把西班牙纳入"欧洲复兴方案"的计划中来。最后虽然由于英、法等西欧各国的反对和美国国会的否决，让美国政府的这一方案未能实行，但这毕竟让西班牙看到了一丝曙光。

20世纪50年代前半段，由于佛朗哥政权在政治上进一步得到巩固，镇压反对派的政策仍在有增无减地执行，整个国家的经济状况也没有得到根本的好转，广大西班牙人民仍然生活在贫困之中。

不但这样，西班牙人民当时还承受着独裁政权的高压统治，缺乏言论和行动的自由。尤其在文化领域，佛朗哥政府采取严格的控制政策，对书刊进行严格审查，禁止一切对法西斯政权持批评意见的言论与文艺作品出现和发表，甚至连怀旧都不允许。因此，许多持不同政见的作家都受到过打击和迫害。西班牙当代最杰出的诗人之一——加西亚·洛尔卡之死就是最好的例证：他由于宣扬进步思想和言论而被法西斯军队杀害。

除了打击迫害进步作家和严厉禁止独裁政府不愿听到的声音出现之外，佛朗哥政府还在另一方面大肆鼓励和支持粉饰太平的作品，企图通过文学、艺术、电影、戏剧等各种形式来宣传官方的价值观，妄图用庸俗的幽默逃避现实，以歌功颂德来掩盖贫穷、饥饿和死亡，从而使西班牙人民忘掉战争给他们带来的痛苦。

虽然这样，在西班牙也仍能听到不同的声音，一些有良知的作家和艺术家（如达马索·阿隆索、布埃罗·巴利霍以及布拉斯·德·奥特罗等）仍然创作出一些揭露现实的进步作品，希望能让人们重新审视社会现实，力求找回真正的人文精神。不过，面对严格的检查制度以及占压倒优势的官方文化，他们也只能发出一些并不嘹亮的呐喊，不可能有更大的作为。

这一时期的塞拉已是一名记者，经常为《向上》、《西班牙人》、《文学邮报》、《幻想》和《凤凰》等刊物撰稿，而且也已经发表了《帕斯夸尔·杜阿尔特一家》、《静心阁》、《小癞子新传》和《阿尔卡利亚游记》等几部重要作品，成为了当时比较知名的青年作家。

对于这种让人感到压抑与贫困的社会现实，塞拉最初想写出一系列的小说来表现，并起名为《不确定的道路》，不过最后因为种种原因没能持续下去。虽然没有写出来，但是在酝酿和筹备的过程中，一个想法在塞拉的脑海中渐渐成熟了，那就是写出一部不带任何虚假成分、能把那个时代的真实生活讲出来的作品。

在那个时候，塞拉与罗莎里奥·孔德已经结婚了。没结婚前，罗莎里奥是"冶金工会"的一名打字员；二人结婚之后，罗莎里奥便辞去了打字员的工作，在家里做起了全职太太。这是因为按着当时西班牙社会的传统习俗，在中产阶级以上的家庭里，妇女结婚后就不再工作了。虽然塞拉当时只是报刊和杂志的自由撰稿人，按说他当时的经济状况还称不上中产阶级里的一员，但是他当时已经是稍有些名气的青年作家了，所以也被认为是中产阶层的人，最终罗莎里奥还是辞去了工作。

这样一来，由于仅靠塞拉的收入就显得有些拮据。尤其是在他们的第一个孩子出生后，除去正常花销外，还要给孩子买营养品。再加上他们还雇了一个女佣和一个专门负责带孩子的保姆，就更加大了家庭的开销，甚至有时还没到月底，塞拉所挣的钱就花完了，为此不得不向家中的那个女佣（她从一个亲戚那里继承了一点财产）借点儿钱解燃眉之急。

在那段日子，塞拉可以说是过着一种外表鲜亮，实际却是可以称得上潦倒的生活。他的衬衣都是穿了又穿，领口磨破后，罗莎里奥给他把衣领翻过来，再穿一段时间；外衣穿旧了基本上也这样，翻过来接着穿。

另外，由于要维护自己所谓的"中产阶级"的面子，每到夏日，他也跟其他一些真正的中产阶级一样，要例行程序似的离开马德里出去度假。那时，塞拉一家经常到距离马德里相对来说比较近的阿维拉省去度假。在阿维拉省有一个叫塞夫雷罗的乡间小镇，从1947年起，这个宁静的乡间小镇就成了塞拉理想的写作和避暑之地。

2. 五年磨一剑

卡米洛·何塞·塞拉是在1945年开始创作《蜂房》这部小说的，一直到1950年定稿，总共用了五年时间。在这五年的时间里，塞拉一共五易其稿，耗费了大量的心血，可以说是五年磨一剑。最终，这部塞拉一生的巅峰之作在他和其妻度假的塞夫雷罗这个美丽的乡村小镇里画上圆满的句号。

塞夫雷罗是西班牙一个以农业为主的小村镇。不同于西班牙其他以农业种植为主的村庄，塞夫雷罗以其众多的葡萄园而在其所在的阿维拉省小有名气。塞夫雷罗是个面积和人口都不大的小村镇，但是就在这个小小的村镇里，竟有3家银行、4位医生和两家药店，而厕所却只有两处，自来水根本就没有，人们的饮用和洗漱用水只能从村头那口古老的砖井里通过挑水获得。

塞拉一家是从1947年开始到此来度假和避暑的。之所以选择了这个农村小镇作为自己度假的目的地，是因为塞拉有位做医生的朋友——马里亚诺·莫雷诺是塞夫雷罗人。莫雷诺医生在马德里的家就在离他们不远的地方，许多年来，他们两家一直保持着良好的友谊和密切的交往。

莫雷诺医生的一位关系非常要好的牙医朋友在塞夫雷罗有座房子，并且答应把这所房子借给塞拉夫妇来度假，所以塞拉夫妇才决定到这里来避暑。

在塞夫雷罗，塞拉夫妇所借住的这位牙医的房子几乎是全镇最破旧的。房子位于镇上的阿索格霍区，分为上下两层，塞拉就在上面一层的厨房里写作。那是个低矮、狭小的空间，他每次进屋都须低头，否则脑袋就会顶到天花板上。

塞拉来到这里后，总是把写作安排在晚上，因为当白天的燥热过去，夜晚的习习凉风吹来时，会让这位作家的头脑思维更加清晰。刚开始时，村民们看到塞拉住处的灯光每天都从晚上亮到天明，感到特别惊奇和不解，不过后来时间长了，他们也就慢慢地习以为常了，认为晚上亮着灯睡觉也许只是城市人的习惯而已。

塞拉在塞夫雷罗的那段日子里，除了晚上写作，在白天睡醒后的其他时间，则常常走到镇里，来到一家叫"马德里"的咖啡馆，同那里的老板——外号叫"隐士"的费尔南德斯先生下棋。不过，每次下棋，获胜的那一方总是塞拉，为此费尔南德斯总会给自己找台阶下地说道："好家伙，您的手气可真好，堂·卡米洛！"其实，让他想不到的是，这位从马德里来的度假者不是棋艺真的有多高，而是会在下棋时耍手腕儿，因为塞拉经常会利用被称为"隐士"的费尔南德斯先生近视眼的弱点来做弊，而后者却一次也没有察觉到。

渐渐地，塞拉和费尔南德斯成了无话不谈的棋友。当塞拉第二次到塞夫雷罗度假时，费尔南德斯把咖啡馆里的一张大理石桌借给他当书桌。《蜂房》这部著名小说的最后一稿，就是塞拉伏在这张桌子上写完的。

这张大理石桌子的桌腿是铁的，桌面由两片白色的大理石拼接而成。后来，当费尔南德斯先生卖掉他的"马德里"

咖啡店时，他就把这张白色的长方形桌子送给了塞拉。再后来，塞拉把这张桌子带回马德里一直保存着，看到它就会怀念起过去的朋友和时光。这从一个侧面也反映出，塞拉在常常拒陌生人于千里之外的外表下面，却是个内心极重感情的人。

在塞夫雷罗的那些写作的日子是塞拉一生中比较难忘的一段时光。同时，他更难以忘记这样的场景：一位年轻的有点消瘦的青年作家在那间窄小的厨房中，在一个"隐士"借给他的那张摆在屋中央的大理石桌子上，伴着窗外夜色中蟋蟀的鸣唱，伏案疾书，书写着人生的酸甜苦辣、悲欢离合、死死生生。

后来，无论在哪里写作，塞拉一直保持着和在塞夫雷罗时一样的写作习惯：桌上放一叠稿纸、一支钢笔和一只墨水瓶。塞拉总是用手写而不是用打字机打字，他习惯于用钢笔，为了免去吸墨水的麻烦和避免将墨水沾到手指上，他总是用笔蘸着墨水写字。

塞拉写作时有着比较严谨的习惯：他在写作时就像是在做一项神圣的工程，一丝不苟；即使是修改稿子，他也没有半点儿马虎，十分严格——他总是非常仔细地将不要的句子划掉，直到划得令人无法读出原句为止，然后将改动过的新句子插进去（一般来说，他是把新句子或段落用稍小一点的字写在稿纸的空白处，即行与行之间或两边的空白处）。

往往在经过塞拉的修改、增删、涂抹之后，他的手稿看上去像乱糟糟的蜘蛛网一样，几乎无法辨认。这时，也只有他的夫人罗莎里奥有十足的耐心和能力来帮他誊写，有时须借助于放大镜才能认清一些字迹。最后，当稿子全部经她誊写后，再送去排版印刷。

在塞拉的写作道路上，他的妻子罗莎里奥·孔德一直是其最得力的助手和最坚定的支持者。她不仅在生活上对塞拉照顾得无微不至，而且利用自己打字方面的特长（她过去是个打字员），负责为塞拉打稿件。

后来，塞拉在谈到他的妻子给予他的诸多帮助时，曾经非常动情地说："是的，她一直对我帮助很大，首先是鼓励我，其次是帮助我打稿件。我使用打字机的技术极差，总是用右手的一根手指敲键盘，当我敲准了'C'或'F'键时便非常高兴，但糟糕的是我经常将手指卡在两个键之间的空隙里，再拔出来，就耽误了许多时间。我总是用手写稿，用一支钢笔，但由于我不会用它吸墨水，所以便蘸着墨水写。"

塞拉在写作《蜂房》的几年里，其实并不是一帆风顺的：早在1946年1月7日，塞拉就把小说的第一稿写成了，当时他把小说提交书刊审查部门，结果正像他所预料的那样，被当时的书刊审查部门禁止出版。

另一方面，塞拉也曾一度对这部小说丧失了信心，认为它是"一堆垃圾"，于是有一天，在他极度灰心和郁闷之下，顺手将手稿扔进了壁炉中，幸亏妻子罗莎里奥当时就在离壁炉很近的地方，她立即冲上去，从燃烧的木柴中抢出了这部手稿；否则，他自己这部最为出色的作品也肯定会中途夭折了。当后来谈到这次的心理历程时，塞拉回忆说："那时是在马德里，我试着从头至尾地将《蜂房》完整地读一遍。我当时对自己的作品入了迷,甚至能倒背如流,或者说几乎倒背如流。但对我读的内容,我的反应的确不是心安理得。有时,我觉得自己写的是一部杰作;有时则相反,我认为那全都是些臭大粪,没有任何价值和意义。那时我心中很泄气。"

当然,这次的"壁炉烧稿"只是他创作这部小说的一个短短的插曲。围绕着《蜂房》这部伟大作品的诞生,最多的故事还是作者一次又一次不厌其烦地对这部小说进行修改完善和润色。后来,塞拉曾在他的作品全集中回忆了这段难忘的时光与过程:

> 我是在马德里开始写作此书的,那是在1945年;而在塞夫雷罗差不多写完了全稿,那是在1948年夏天。很显然,后来我重新回到这部稿子上,修改、润色和进行加工,这里删掉一点儿,那里添上一点儿,一直是费力耗神。但是,我现在所说的那种状况下,这部小说已完全能够功德圆满了。早在1946年,我同书刊检查制度的斗争就开始了,在这场战争中我在所有的战役上都被打败了,只有最后一役除外。
>
> ……
>
> 那么,正如我想说的那样,我是在阿索格霍的那幢房子里大致写完《蜂房》的。我想说的是,我写了此书或者说我从头重写了此书,因为这本书陆陆续续写过5稿,而这一次,也许是最复杂和详细的一稿。是的,毫无疑问,在阿索格霍的努力是所有手稿中最复杂和翔实的一稿……的确,在1949年和1950年,我曾在马德里和

Chapter 3　第三章　艺术顶峰

塞夫雷罗再次整理此书。然而，毋庸置疑的是，从那时起该书没再有过大的改动，既没有大的删减，也没有明显的增补。

当然，除了写作和修改之外，还有最重要的事——《蜂房》能够出版发行。1946年1月7日，塞拉把小说提交到书刊审查部门；被禁止后，出版社经理在2月27日申请一项特批，以便少量发行一批精装本，不过，这一申请也在3月9日的政府批文中被拒绝了。

尽管如此，在当年的4月，《向上》日报还是以短故事的形式发表了《蜂房》一书中第五章的几个片段，取名为《太阳镜》，而且故事中的人物名字都经过了改动。后来，这一部分作为独立的篇目收录了《卡宾枪手的漂亮罪行》一书。这本短篇集子在1947年由巴塞罗那的"何塞·哈内斯"出版社出版。

多年以后，西班牙的何塞·马丽亚·马丁内斯·卡切罗在其编写的《1936—1975年的西班牙小说史》一书中详细描述了塞拉的这部手稿的审查过程：

> 诗人莱奥波尔多·帕内罗认为此书"有相当高的文学价值"，如果删掉部分段落，他同意送印出版，并且劝塞拉淡化其中某些过分渲染的场景。但起关键作用的是安德列斯·德卢卡斯·卡斯拉神父的意见，他认为《蜂房》违背宗教信条，有伤风化，缺乏文学价值和现实意义，风格上没有建树。总之，这是一部"公开违背道德准则，有时沦为色情，有时粗俗无礼"的作品。以

卡斯拉神父为代表的一部分审查人员的意见占了上风，《蜂房》在当时的西班牙被禁止出版。

西班牙当局对《蜂房》的封杀和禁止让塞拉感到非常失望。最终，当他明白他的作品在西班牙不可能再找到出版的机会时，便转而向国外寻找出版的可能性。最终，阿根廷布宜诺斯艾利斯的"埃梅塞"出版社表示愿意出版他的作品。于是，在1951年，塞拉这部经过五年辛勤汗水浇灌而写就的《蜂房》终于出版了。

3.《蜂房》的主要内容

塞拉的长篇小说《蜂房》出版后引起很大的反响，被认为"不仅是塞拉作品中最杰出的一部，而且也是当今西班牙小说中最杰出的一部，是30年来西班牙出版的最重要的作品"。

塞拉在创作《蜂房》这部小说时经历了很大的困难，因为他要刻画的这个世界充满着痛苦和贫困，而在当时的西班牙，在当时的社会环境下，是几乎不允许如此坦率地讲述现实生活的。但是，塞拉仍然迎难而上，因为他觉得，这本小说不这样来写就不符合当时的时代特征。他坚持这一观点，并解释说："当今时代，除了像我这样写小说——不论是好是坏——别无其他选择。"所以说，《蜂房》在创作上正是反映了一个历史时代和艺术发展时期的特点。

《蜂房》共分六章和一个尾声,写的是西班牙内战结束不久,马德里下层社会的生活。故事发生在1942年12月的短短3天里:

咖啡馆女主人堂娜罗莎是个脾气凶暴、动辄骂人的女人。她骂侍者,也骂顾客。在她的咖啡馆里,形形色色的顾客把双臂放在大理石桌上,想着这个世界,思考着卑微的、可爱的或亲切的事情,有的沉默不语,有的回忆着往事。

堂海梅·阿尔塞向银行借了一笔款,做生意受了骗,想找工作找不到,只好在咖啡馆消磨时光;一位太太的儿子患脑膜炎死去,她孤苦无依,总默默地坐在咖啡馆里打发光阴;埃尔维拉小姐过着非人的生活,无所事事,靠施舍过日子,不停地吸廉价烟,堂娜罗莎劝她交个男朋友,她不愿意,因为她认为女人也有自己骄傲的地方;堂巴勃罗跟她有过一段恋清,念念不忘一起度过的那些时光,觉得她是个善良、温顺而可爱的女人,所以他老是斜着眼偷看她;卖烟的帕迪利亚多次被她招呼去送烟,他曾骂她的一位相好叫流氓,致使她大发雷霆,从此他更加尊敬她了。

马丁·马科是个诗人,在嘈杂声中专心致志作诗。他正在创作的长诗《命运》已写了好几个月,总共300来行,并做好了出版的准备工作。但是,他身无分文,连喝咖啡的钱也付不出,店主堂娜罗莎知道后,吩咐侍者佩佩把他赶走,并叫他踢他两脚。马丁说等弄到钱后一定来还,现在可以把他的书留下,但没能取得她的同意,还是被轰出了店门。不过,心肠软的侍者没有踢他。

马丁走进一家盥洗用品店，琳琅满目的用品像珠宝店，五颜六色，也是一种奇观！随后他想，生活是最根本的，别人挥霍的钱，够穷人吃一年。他很关心社会问题，希望大家一样，不太穷也不太富。走到地铁站口，他浑身发冷，买了4颗栗子。他总觉得知识分子的处境可悲，没有一个区分知识分子价值的标准，因而感到烦恼。

马丁乘地铁到住在戈雅街的姐姐家去，他和姐夫堂罗伯托彼此看不顺眼，不时发生争吵；他们也很穷，但姐姐菲洛还是偷着给他煎蛋吃。他认为姐姐是个圣女，姐夫却是个无赖。谈话间，菲洛想起明天是她的34岁生日，去年他们都忘了为她过，因此很伤心。现在她一年比一年老，只等孩子长大，然后自己死去。

马丁离开姐姐家后，来到街头一家酒吧。老板是尼采的信徒，喜欢背诵一些尼采的名言给警察听，却受到他们的奚落。他问马丁几时发薪——原来马丁在这儿喝咖啡没有付钱，总共欠他22个比塞塔。马丁说："要是愿意，你揍我一顿好了，反正我没钱，这不是什么不体面的事！"老板呆若木鸡，不知所措。

马丁和本图拉是老同学、好朋友，他向他要两块钱，他给了他5块。马丁在圣路易斯大街碰到他大学时代的女同学纳蒂，纳蒂打扮得花枝招展、妖艳妖媚，活像公爵夫人。她抓住他的胳臂，马丁心里很难受，想要逃走，但是最终没有这样做。于是，两个人走进咖啡馆聊了一小时——他们曾谈过恋爱，接过吻。临别时，马丁向她要一个杜罗，纳蒂从桌子底下伸手给了他十个。

马丁走在街上，突然觉得头痛，浑身发热，满头大汗。另外，他还受到警察的检查——由于当时身上没证件，所以害怕得要死。他骂这个世界是个疯子的世界和傻子的世界。他需要的是吃饭来填饱肚子。

马丁带着钱回到堂娜罗莎的咖啡馆，还了前一天的欠账，交了当天的咖啡钱，还叫来擦皮鞋的。他想起了纳蒂，想给她买一幅版画。等赶到罗慕洛的书店挑好一幅维纳斯版画时，才发现口袋里的钱不见了——原来他在咖啡馆上厕所时丢了。

一天早晨醒来，他发现普拉姑娘活生生地躺在他的身边。这是他许多个月以来最幸福的一夜，像新婚一般愉快。马丁高兴地为她背了一首诗。分手后，马丁去了母亲的墓地。他脱帽悼念，想起了母亲35年的生活。他发觉郊外空气新鲜，令人愉快。最后，他决定找个工作做，于是要了一张报纸看广告。

巴勃罗·阿隆索是个年轻的小伙儿，有现代买卖人那种善于活动的气质。半个月前，他交了个女朋友，叫劳里塔。劳里塔才19岁，长得非常漂亮。他们坐在酒吧里握着手，喝着酒。劳里塔很赞赏巴勃罗对他的穷朋友的关心，她再一次提起半月前的老话，问他是不是爱她、非常爱她、永远爱她，他一一肯定地做了回答。

巴勃罗·阿隆索对劳里塔大献殷勤，想为她定做一件大衣，希望她穿得漂亮，也穿得暖和，免得害病。他请姑娘吃了一顿丰盛的菜肴。姑娘从桌底下抚摸他的膝头，问他是否不舒服，他说只是下午肚子疼，现在已经好了。在另一家酒吧里，劳里塔发现巴勃罗认识一个女人，她质问他，气得眼里涌满了泪水，他安慰她，最终使她又笑了。他觉得她很有趣、很吸引人、很温柔，甚至也很忠诚，可是言谈太单调了。

当酒吧只剩下他们俩的时候，劳里塔一面让他发着永远不离开她的誓言，一面脱了外衣，露出了绣着玫瑰色小花的白衬裙，两人站在镜前接吻。姑娘戴着小乳罩，巴勃罗让她把乳罩解开，他吻她的背脊和嘴。她很高兴，从心里感激巴勃罗。

苏亚雷斯约有50岁，和母亲住在一起，相处十分融洽。晚上睡觉前，母亲总为他盖被，为他祝福。有一天他坐小汽车回家，换了一条领带，洒了点香水，找个借口再次出门，他喊他的妈妈，一连喊了几声，都无人答应。他觉得心跳得特别厉害，没见到母亲，便急忙下楼去，坐上小汽车，让司机把车开到圣赫罗尼莫大街去。原来，他是去咖啡馆和他的男朋友幽会，因为他是个同性恋者。

苏亚雷斯的朋友叫何塞·希梅内斯·费格拉斯，系着绿领带，穿着条花短袜，外号叫"木头片"佩佩。苏亚雷斯也有外号，叫"女摄影师"。他几乎面红耳赤地微微一笑，说他朋友穿得真漂亮，真可爱。"木头片"在他的手腕上拧了一把。后来，他们俩挽着胳膊顺着大街走，想去看场台球。"女摄影师"要"木头片"给他买朵红山茶花，因为和他在一起，他得有个标记。"木头片"真的给他买了一朵山茶花，插在衣服上。

正在练习演讲的大学者堂伊夫拉姆突然听见有人敲门——原来是楼上的邻居马埃斯特雷。他惊慌地报告说，苏亚雷斯的母亲死了，是被人用毛巾勒死的。伊夫拉姆赶紧通知警察，并去叫医生。经大夫检查，那位夫人确实已死了。

马埃斯特雷被这情景吓得浑身哆嗦，两腿乱蹬，翻着白眼珠，嘴里吐白沫。其他邻居也不知所措。伊夫拉姆要求大家保持镇静，检查各自的房间，但没有发现任何疑点。警察来了，向居民们查问了情况——死者叫堂娜马尔戈特，儿子就是搞同性恋的苏亚雷斯。

当天夜里，警察把苏亚雷斯和他的朋友"木头片"拘留了起来，但他们却不知道为什么被抓起来。这桩人命案很快传播开去。但是，报上的消息却把年轻诗人马丁·马科视为杀人嫌疑，警察也到处搜寻马丁。这让了解马丁的人困惑不解，更让他的姐姐菲洛为他担心……

塞拉的这部小说客观而真实地描写了内战后马德里的社会生活，再现了当时西班牙政局动荡、经济困难、人民痛苦的凄凉现实。就像作者在初版自序里写的那样："我这本小说没有更多的（当然也不能更少的）希望，它不过是生活的一个片断，既不隐讳什么，也无惊人的悲剧，也不发善心，只是按照生活的本来面貌，准确地一步一步加以描写。"

4.《蜂房》的特点与评论

《蜂房》被称为"一部开创了西班牙小说新时代的伟大作品"。塞拉在创作这部小说时,并没有使用传统小说体裁所采用的典型手法,而是在许多地方运用了一些含糊不清的方式,似小说而非小说的方式。他曾说:"小说就是以书的方式出版的、在封面标题下面的括号中或不用括号写着'小说'两个字的读物。"虽然这是个很不准确的评语,但却是他这本小说的显著特点。

《蜂房》这部小说的发表代表着西班牙一个小说创作的新阶段的开始,它开创了西班牙20世纪50年代以社会现实主义文学为主导的时期。虽然塞拉并不认为随即出现的社会现实主义小说继承了他所追求的艺术目标,但是年轻一代的作家们仍旧将他的探索视为一种可行的选择。这其中就包括何塞·玛丽亚·卡斯提列特和胡安·戈伊蒂索洛,他们认为这部作品中的叙事方式是时代发展所必需的叙事方式。

从艺术角度来看,塞拉在写这部小说时运用了一种美学方式反映那个时代的西班牙传统并表现得恰如其分,再加上《蜂房》对小说题材的开掘以及语言运用方面的准确、传神,都使它成为那个时代艺术创作中最出色的作品,是西班牙战后文学中最有价值的作品之一。

具体来说，《蜂房》这部小说在艺术创作方面主要有五个鲜明的特点：

第一，小说形式打破了传统的线式结构，不为时间和空间所约束。叙述故事采用倒叙、跳叙、闪回、同步等方式，像电影的分镜头那样把人物的活动过程分割开来，于是就形成了多达二百多个独立小节，构思精心，安排巧妙，被认为是作者全部创作中结构形式最新颖、最独特的一部作品。

要把在各个片断中交叉出现的众多人物组合在一起，就需要有一个客观的作者存在，正如塞拉所说，他选择了"走到广场上去，拿着我的照相机，然后把我在游荡中精心完成的普通的工作展示出来"的创作手法。这种刻画集体人物的技巧，在此之前也有一些著名作家采用过，如多斯·帕索斯、安德列·吉德、阿拉贡和萨特等，其方法是陆续地介绍许多人物，每个人物出现在一个片断里，与他周围的人物有关联或互相不认识；采用一种对比的方式来刻画出形形色色的人物形象；"照相师"按照个人的兴趣将人物联系在一起，突出每个人物独特的行为、表情和语言，既勾画出各个人物的不同轮廓，同时又将他们组合成一个集体主角。

第二，描述中充分运用对话形式，就像放映一部电影，叙述者的叙述或介绍不过是一种过渡或画外音。翻开作品就会发现一对对的人物如同日常生活中一样对话、闲聊、争吵、谈情说爱等，使读者感受到一种浓厚的、真切的、生动而朴实的生活气息，同时也使人物的喜怒哀乐、苦辣酸甜等种种感受跃然纸上。

第三,"集体主角"的巧妙运用。小说虽以咖啡馆女主人堂娜罗莎开头,其间以诗人马丁的故事为主要线索,但他们都算不上是真正意义上的主角。在作者看来,他要写的真正主角不是一两个人,而是成千上万的马德里下层市民。所以,他便选取了三百多个人物,作为三教九流、像蜂群一样多的马德里人的代表。这众多的人物极为重要——唯有如此,才能广泛而真实地反映像蜜蜂一般生生不息的、为生存而奔波的芸芸众生的痛苦生活。在作者笔下,这浩浩荡荡的各色人等性格迥异、血肉丰满、形象鲜明,充分显示了塞拉驾驭语言、刻画人物的深厚功力。

第四,时间的高度浓缩。小说约合中文二十余万字,人物众多,叙述头绪繁复。而全部故事却仅仅发生在短短的三天里,即第一天下午、晚上、夜里,第二天上午、下午、晚上,以及三四天后的一个上午。在如此短的时间里,讲述如此多人物的如此复杂的故事,作者如何绞尽脑汁地进行构思、安排,做到杂而不乱、多而不散,难度是可想而知的。

第五,客观如实的描述。这正如作者在初版序言中所说的,整个小说他是"按照生活的本来面貌,一步一步准确加以描写的"。他对生活既不粉饰也不夸大,因为"企图用文学的疯狂面具来掩饰生活是一种欺骗"。所以,《蜂房》不过是现实生活的真实反映。无论叙事写人、状物绘景,作者总是客观地,不加评论地叙述,给人一种"生活就是这样"的真情实感。

《蜂房》除了在艺术创作上自成一体,取得了很高的成就外，同时还是西班牙20世纪40年代社会现实的一面镜子，从这面镜子中反映出的是一个贫穷和疲惫不堪的社会、看不出生活出路的社会、没有希望和没有未来的社会。非但如此，更让人感到可悲的是，书中所有人物在浑浑噩噩中生活，日复一日，却没有表现出一点儿想要改变现状的要求。

可以说，《蜂房》中的现实生活就是马德里普通人的平庸生活，是对平民百姓生活的一种展示，其中既有故作风雅的诗人、拉皮条的寡妇、不守本分的修女、心狠手辣的高利贷主、老不正经的色棍和奴颜媚骨的仆人，也有傲骨犹存的破产者、身兼数职的官僚、倒咖啡的服务员、得不到治疗的肺病患者、上了岁数的女骗子、扭捏作态的同性恋者、散布流言蜚语的邻居、行为堕落的情人、良好人家的淑女和讨饭的流浪汉等等。在这里面，神色凄凉、瘦骨嶙峋的老人和脑满肠肥的主人以及有权势的人形成了鲜明的对比。可以说，这是一个充斥着贫穷的社会，充斥着骚动的蜂巢中的社会。

由于塞拉在创作《蜂房》这部作品时，在对时间、空间的运用和叙事结构方面进行了探索和创新，所以说这部小说一问世就在当时的西班牙文坛引起了广泛的注意。

塞萨尔·冈萨雷斯·鲁亚诺在1951年出版的《文学艺术评论》第四十四期中评论道：

> 我觉得卡米洛·何塞·塞拉的《蜂房》是我们这个时代一部非常出色的小说。在我们这个时代，西班牙发生了明显的变化，法国文学的影响被某些英国的文学模式所取代。塞拉属于我这一代人之后的一代作家，他

对这种变化非常敏感，但是他并未放弃那些非常西班牙式的独特方式，这使得他从某种形式上，延续了一条民族传统的重要道路，即流浪汉小说的道路，这是他初登文坛，发表《帕斯夸尔·杜阿尔特一家》时就踏上的道路。实际上，尽管有某种缺憾（如这种风俗主义过分突出了'坏风俗'，偏重表现令人厌恶的和心术不正的人物），《蜂房》仍然是一部十分成功的风俗主义小说，十分成熟。

卡洛斯·布兰科·阿基纳加在1984年出版的《西班牙文学史》写道：

……

《蜂房》被认为是那些年西班牙最具代表性的小说，也是意味着西班牙加入现代小说创作行列的小说。由于书刊检查而在布宜诺斯艾利斯出版的《蜂房》是对1942年的马德里的一种审视，有一系列的人物，他们在保持个人特点和客观性的同时，又组合成一个集体主角。《蜂房》被说成是仿佛一部繁复的钟表机芯的小说，一个活生生的机体，其中每个表情、每个动作、每一句话，都与整体的完整相配合——尽管它避免任何一个成分与其他成分雷同。

完全缺乏对人物的尊重、保持冷漠的距离、残酷、许多时候沦为粗俗和下流的性欲、为每天的生存而斗争……这些毫无疑问都是现实中的马德里当时的情况。塞拉带着亲切和焦虑的心情，用令人惊讶的对话，用一种可怕的幽默表现了这一切。

一般认为,《蜂房》是一部现实主义的作品,这是本书作者自己下的断言。他在第一版的序言中写道:"它不过是一个苍白的反映,不过是日常的、艰涩的、亲切而又痛苦之现实的普通的影子。那些企图以文学的漂亮面具来掩饰生活的人是在欺骗。这种腐蚀人们灵魂的恶习,这种我们给它起什么名字都不为过的恶习,仅用温和的热手巾,用诗歌和修辞学的膏药,是无法去除的。我这部小说只不过是(当然,也不能不是)娓娓道来的一个生活片断,它并不隐讳什么,既没有奇特的悲剧,也不存在温情脉脉,就像流逝的生活本身,完完全全像流逝的生活本身……我认为如今只能(不管好还是坏)像我这样来写小说。倘若有相反的考虑,我将改换职业。"

Chapter 4

CAMILO 第四章 光环之下
JOSÉ CELA

1. 一纸禁令

在相继出版了著名的小说《帕斯夸尔·杜阿尔特一家》和《蜂房》后，塞拉已经声名鹊起，成为当时西班牙文坛上最重要的一位作家。与此同时，由于他的作品逆潮流而动，以犀利的文笔揭示了战后西班牙社会的真实面貌，所以也给他自己带来了很多麻烦：先是《帕斯夸尔·杜阿尔特一家》被查禁，后来《蜂房》又没能通过当局的书刊检查。

不过，最终他的《蜂房》的第一版是在阿根廷的布宜诺斯艾利斯出版了，以后也陆续再版了几次。虽然它标的是墨西哥一家名为"诺格尔"的出版社发行的，但是实际上，这几批书的出版印刷均是在西班牙的巴塞罗那完成的，读者几乎可以在西班牙境内的所有书店中买到——虽然书店的店面上看不到《蜂房》这本书，但如果读者要的话，店主人就会把它从柜台下面的橱柜中或店后的库房里取出来交给读者。

由于塞拉的作品在西班牙国内无法被彻底查禁，当局的书刊检查部门十分恼火。一怒之下，他们对塞拉采取了一种残酷的报复措施，不但将塞拉驱除出了马德里报业协会，还禁止塞拉的名字出现在所有的西班牙媒体上。

西班牙当局的这一纸禁令虽然在一定程度上使《蜂房》的名声更响，而且促进了该书的销售，但是对塞拉所带来的后果也非常严重。塞拉的主要谋生手段就是为报刊撰稿以挣取稿酬来养家糊口，所以当局的这纸禁令让塞拉及其家庭陷入了生活的困境，情况很不乐观。不过，稍微让塞拉欣慰的是：在这时候，《蜂房》被译成英文在国外出版，才暂时缓解了塞拉一时的燃眉之急。

另外，在西班牙当局的授意下，西班牙的许多报刊都化名发表了许多对塞拉围攻的文章。其中，《向上报》在1951年3月28日发了一篇文化评论。这篇带有浓厚批评色彩的文字写道："那些'大牌'作家很精通写作，但他们不知道应该写些什么，……而《帕斯夸尔·杜阿尔特一家》就是不应该写的书的一个样板。"

另外，在乌拉圭首都蒙得维的亚，也出现了一篇匿名发表的对《蜂房》进行批评的文章，这篇文章的作者还在文章中鼓动卡米洛·何塞·塞拉改行；一向态度克制的《ABC报》也发表了一篇署名佩曼的措辞温和的批评文章。

当时，著名的报纸《人民报》总编辑胡安·阿帕里西奥在谈到塞拉和他的《蜂房》时说道：

> 从道德、政治和天主教徒的角度出发，塞拉可以说是战后以来最消极的作家之一，《蜂房》具有外国作家（如乔伊斯或多斯·帕索斯）作品的特点。此外，塞拉刻画的马德里的情况带有倾向性，因为据他说："何塞·安东尼奥去过几次'欧洲咖啡馆'参加那里的聚会，那些聚会洋溢着文学气息和长枪党民间活动的气氛，这与《蜂房》中的气氛和环境截然相反。"

当然，在那段时间报刊上发表的文章也并不都是对塞拉的批评和抨击，一些马德里以外省份的报纸还是比较客观地对塞拉所做的一些讲座进行了赞扬。另外，《先锋报》、《马德里报》和《ABC报》上也都有人不顾当局的压力，撰写文章对《蜂房》做出比较客观的评价。尤其是伊格纳西奥·阿尔德科亚，在西班牙大学工会广播电台的"空中评论"节目中，以及爱德华多·哈罗·特格莱恩在《非洲日报》上，都对塞拉和他的作品大加赞赏。

在这一时期，由于塞拉不能在报刊上发表文章，所以有空闲时就到各地去演讲，虽然迫于上层的压力，检查当局对塞拉的创作采取了禁止的政策，并采取了许多抵制措施，但在另一方面，许多官员对塞拉的思想和才华也比较欣赏和佩服。所以，当1951年4月9日塞拉在得土安举办演讲时，吸引了许多官方人士参加和出席。

得土安是非洲北部国家摩洛哥的一个城市，位于摩洛哥的北部，与西班牙遥遥相对，只隔着一条直布罗陀海峡。当时的得土安还是西班牙的"保护地"，由西班牙政府管辖着。那天，当塞拉进行演讲时，当地的许多政要包括最高特派员，两位将军，经济、教育、文化和财政办事处代表，外交事务处处长，摩洛哥保护区长官，领土调解员以及新闻署署长等都参加了。而且，那丹吉尔市的《西班牙日报》不仅登出了所有出席演讲会的重要人物名单，还说卡米洛·何塞·塞拉的出色演讲博得了与会者的热烈欢迎。

塞拉在得土安的演讲会取得了开门红，这为塞拉以后的演讲生涯打下了一个良好的基础。在塞拉的所有演讲中，其内容非常丰富，除了他所熟悉的文学题材（如"小说创作理论与技巧"、"游记作品"、"文学与政治"等），在其后的演讲过程中，他还增加了像非洲世界这样的一些异国风情的内容。

其实，当时塞拉对非洲并没有多少了解，因为到得土安演讲是他唯一一次到非洲，而且也仅仅在那里待了几个小时的时间，但是，就因为有了这次成功的演讲历程，塞拉后来竟被请到萨拉曼卡地区的贝吉尔去做了好几个关于非洲的讲座，其中有一次的题目是《叶巴拉浏览》，所演讲的内容就是他在摩洛哥的见闻，萨拉曼卡的日报《进步报》竟在其所刊登的文章中说："这是他的专长。"

当时，跟塞拉一起到贝吉尔去做演讲的还有诗人何塞·加西亚·涅托。在评价涅托时，《进步报》称他在"当代诗人群中占有极其重要的地位"，他的演讲题目是《今日西班牙诗歌初探》。

那次两个人是乘火车去贝吉尔的，不过刚上火车没多久，诗人涅托就开始有些后悔了——他担心塞拉的演讲能否成功。为了做到有备无患，涅托拿出了随身携带的一本《非洲遍览》，从中挖掘所有可用的资料，做了一番精心的准备。

在贝加尔举办的这次演讲，第一天由诗人涅托主讲，塞拉做大会主持人；第二天两个人的角色进行了互换，由塞拉演讲，涅托主持大会。据《进步报》报道，在这次的演讲中，"挤满了工人俱乐部宽敞大厅的众多知识听众"对演讲会感到非常满意，这次演讲取得了圆满的成功。

在那个时期，精明的塞拉为了对付官方的限制政策，采取到各地去演讲的方法，并把这个习惯坚持了很长时间。当然，塞拉去各地举办讲座也并不仅仅是为了一点报酬，而是把自己的演讲活动当成他在风雨飘摇的文学海洋上立足的一块孤岛和一块可以容他驻足的坚实地面。

当然，塞拉的演讲能在各地取得成功，也得益于他有一种奇怪的博学癖，因为不管什么方面的知识和学问，只要沾点科学的味道，他都喜欢涉猎，以致家人和朋友竟送给他一个"博学更年期"的雅号。因此，塞拉的绝大部分讲座内容充实、广博、睿智、言简意赅。

另外，塞拉也从贝吉尔那次演讲的成功结果中得到一种启发，就是对演讲来说，最重要的不在于演讲的内容，而在于演讲者如何具体地讲述每件事情。也就是说，即使很平淡的话题，只要讲得生动，也会收到出人意料的效果。

由于塞拉在演讲题目方面没有任何偏见，可以说来者不拒，所以他的演讲内容涉及面十分广泛，这不仅满足了他的与生俱来的博学癖，还能使他经常在新的听众面前亮相，对他知名度的增加起了不小的作用。当然，这其中也有一点要非常地注意，那就是精心记下每次演讲的内容、题目、时间和地点，以防出现在某地进行重复演讲的情况。

塞拉在出去演讲时非常注意自己出场的形象和作派，往往根据不同的地方和演讲内容进行不同的打扮。有一次，塞拉在和他的朋友费尔南多·桑切斯·蒙赫一起到桑坦德市去做报告时，在中途买了一套教士服。在到达桑坦德市之后，塞拉就穿着那身教士的行头，大摇大摆地穿过城市前往讲座地点。

在去演讲的路上，塞拉一边走还一边向路上的年轻姑娘们大唱耶稣蒙难日短诗，吓得这些姑娘都纷纷躲闪。到了演讲地点后，那次演讲的一位组织讲座的大学文学教授看到塞拉的这副打扮，非常地迷惑不解，战战兢兢地吻了他的手，并说："我实在没有想到您还是一位神父。"

当然，在桑坦德市举办的这次别开生面的演讲取得了很大的轰动，成了公众和评论界的热门话题。

2. 出人意料的美洲之行

1953年3月，应南美洲加利西亚人中心邀请，塞拉兜里揣着100比塞塔乘坐着一架螺旋桨式飞机飞往哥伦比亚，开始了他跨越大西洋的首次美洲大陆之行。按照美洲加利西亚人中心的安排，这位年轻的、已经成名的西班牙作家将在几个月的时间内在哥伦比亚、厄瓜多尔和委内瑞拉进行多个地方的演讲。

塞拉这次美洲之行的第一站是哥伦比亚，行前带了部分精装本的作品准备到那里赠送给当局和头面人物。当然，他最先要送的一本豪华本就是给哥伦比亚总统劳莱亚诺·戈麦斯。为此，塞拉在登机以前已经将总统劳莱亚诺·戈麦斯姓名的字头"劳·戈"刻在了书的封面上。不过计划赶不上变化快,就在塞拉到达哥伦比亚首都波哥大市的当天,发生了一起军事政变,戈麦斯被迫离开了总统的宝座。

虽然军事政变在南美洲是司空见惯的事,但这次哥伦比亚发生的政变对塞拉来说实在太不是时候了,因为不但自己精心准备的那本牛皮封面烫金的著作已没有了用场,而且还很可能为自己惹来麻烦。

在加利西亚人中心的联系和安排下,塞拉在哥伦比亚和厄瓜多尔靠举办演讲和文学讲座维持生计,并能够时常给国内的妻子和儿子寄一些钱。当时,委内瑞拉的加利西亚人中心原本想利用塞拉美洲之行的机会在加拉加斯举办两次文学讲座,但由于在很长时间内没有凑上一张前往加拉加斯的机票钱,塞拉不得不在厄瓜多尔的首都基多停留了很长时间,迟迟没能动身。

后来,委内瑞拉的加利西亚人中心实在是等得不耐烦了,于是给塞拉发来一封电报,说时间已经过去了,不用再来委内瑞拉了。也许这个电报对其他人有用,但是对于固执己见的塞拉来说,是不能阻止他预先的安排和行程的。他没有理睬那封电报,照样买了张机票,乘飞机来到了加拉加斯。

当时,委内瑞拉由于处在独裁者佩雷斯·希门内斯的统治之下,一直处在国际社会的孤立状态。得知来自西班牙的著名作家塞拉来访,委内瑞拉当局感到这是个非常好的公关机会,因为西班牙是委内瑞拉的原宗主国(殖民地文化所依赖的发源国即为宗主国),所以,塞拉一踏上委内瑞拉的土地,就变成了"共和国的贵宾",拥有外交特权,同时享有极高的待遇。

当然,塞拉在委内瑞拉的日子也不仅仅只拥有"共和国的贵宾"这种外交荣誉,更重要的是,这位年轻的作家到达这里后,就成了加拉加斯政界高层人物云集的招待会上的常客。在一次宴会上,时任委内瑞拉内务部长的劳莱亚诺·巴列尼利亚·兰斯向塞拉谈到了他的一个谋划了很久的计划,就是打算委派一位著名的作家写一本有关委内瑞拉的小说,其中的故事情节也必须围绕这个国家展开。

劳莱亚诺·巴列尼利亚·兰斯向塞拉透露说,在塞拉到达委内瑞拉之前,他曾圈定了海明威、阿尔贝·加缪和卡米洛·何塞·塞拉三个人,但是具体选择谁还没有最终确定下来。塞拉听说有如此的好事,当然不肯放过这么宝贵的机会——如果能把委内瑞拉这本小说的合同签下来,就意味着他能得到一大笔钱。据劳莱亚诺·巴列尼利亚·兰斯透露说,委内瑞拉准备付给作者的报酬相当于300万比塞塔的稿酬。这么数额巨大的稿酬,不仅对一位西班牙内战之后的报刊撰稿人是个难以置信的数字,而且对当时的一位贵族来说也是令人惊讶的。

塞拉来委内瑞拉之前,做梦也没有想到在自己头上的这片天空有着如此大的一块馅饼,于是极力地公关,希望能让这块馅饼砸到自己的头上。劳莱亚诺·巴列尼利亚·兰斯也很给面子,说:"现在既然你本人已经来到了这里,又有着语言上的便利,那这项任务就由你来完成吧!"

Chapter 4 | 第四章 光环之下

一夜之间，塞拉变成了地地道道的百万富翁！在前往美洲旅行之前，塞拉压根就没有想到这里竟会是他生活发生巨变的开始。原先所有的艰难、贫穷与拮据，都在这一刻烟消云散了。不过，虽然内务部长已经拍板定下了由塞拉来完成这个特殊的任务，但是如何能拿到这笔预付款却着实让塞拉费了许多周折，因为除去官僚机构拖拖拉拉的通病之外，这件事还有其他一些机构和内务部下属的部门等一大堆各类官员插手其中，这些插手的人当然也都想自己能分得一杯羹。

　　最终，塞拉在加利西亚人中心的帮助下如愿以偿地拿到了支票，并在同年的11月回到了马德里。当然，这次从美洲回来后，他们一家的境况立刻发生了根本的变化：曾经的寒酸和捉襟见肘的日子一去不复返了，他们可以随心所欲地去自己喜欢的地方旅行，更可以去自己喜欢的餐馆吃饭，同时可以用上向往已久的银制餐具——当然，其他原先想都不敢想的事情现在也都能做到了。

　　塞拉把这本要写的小说的名字定为《黄头发的女人》，而且在自己的脑海里已有了整个故事大概的结构与思路。他和自己的妻子私下商量着，等这部小说写完，拿到版权报酬之后，一定要好好享受一下花钱的滋味儿。

　　1955年5月，经过两年的写作，塞拉的这部委内瑞拉政府定做的小说《黄头发的女人》一书由诺格尔出版社出版了。为了让这部小说更符合当时委内瑞拉政府的初衷，塞拉特意在书名前面加了个小标题——"委内瑞拉的故事"。

　　《黄头发的女人》是塞拉在1955年创作的小说中最"正

规"的一部，可以称得上是一部真正传统意义上的小说，它讲述了一个非常正统的故事，而且小说创作手法上也没有什么新奇之处。

塞拉的《黄头发的女人》以委内瑞拉的大草原为背景，具有浓厚的当地乡村气息，其主人公"黄头发的普里米蒂瓦·桑切斯"从头到尾占据小说的中心位置，而且在这部作品中广泛地使用了美洲的方言和土语。不过在这部小说中，许多人物近似于《蜂房》中的人物。

《黄头发的女人》发表以后，在文学评论界引起了很大的争议，他们对这部小说的评价褒贬不一，许多人认为它在塞拉的作品中不具有什么重要的地位。虽然如此，这部作品在塞拉的生活中却起到了非常非常重要的作用。

《黄头发的女人》这部小说完成后，塞拉再次来到委内

瑞拉领取合同中规定的版权部分的酬金。这次的委内瑞拉之行，塞拉汲取了前次的一些经验教训，在同委内瑞拉的各级官员打交道时得心应手多了，所以没有费多大的周折，只用了一个多月的时间就完成了自己的任务，如数领回了自己应得的报酬。

当然，其中也有一些塞拉没有想到的地方：一是当地对他创作的这部小说的评价，因为有许多评论员对当局委托一位外国作家写委内瑞拉的事情感到不解，并对这种做法提出指责；另一方面就是许多普通老百姓希望看到的是一部描写加勒比海地区人民美好品德的风俗集锦，以便可以用来为旅行社招揽生意服务，而《黄头发的女人》却完全不是这么一回事，跟他们内心中的期待相差甚远。

当然，无论当时委内瑞拉国内的情绪如何，塞拉毕竟把自己的所有报酬都拿到了。所以，这次的美洲之行令塞拉与他的妻子都感到非常兴奋，于是萌生了一个要庆祝一下这次的写作和美洲之行的念头。

经过商量，塞拉和他的妻子决定先到里斯卡尔餐厅吃地道的西班牙风味海鲜饭，然后到"卡萨布兰卡"舞厅去跳舞。随后，他们便约上三四位最要好的朋友，一行人兴高采烈地出发了。

里斯卡尔餐厅内，海鲜饭伴着葡萄美酒，觥筹交错、欢声笑语中，塞拉与他的朋友尽情地品尝着、享受着，每一个人都处在兴奋之中。随后，他们又来到"卡萨布兰卡"舞厅。这是当地比较有名的一间很大的舞厅，其形状就像一间坡度轻缓的大学的阶梯教室。

塞拉和他的朋友们在一个长条桌前坐了下来，继续为自己的美洲之行和朋友间的相聚进行庆祝。这时，"卡萨布兰卡"的舞台上有几位演员在表演节目，其中有一位打扮成古罗马士兵模样的男人走上台，扭捏作态、嗲声嗲气地向大厅里的客人做着挑逗性的表演。

塞拉看着这位演员那副女里女气的样子，几乎作呕。后来，他实在看不下去了，加上酒精的作用，腾地立起身来，大吼了一声："娘娘腔！"

这时，在大厅的另一侧，不知哪位这类艺术的忠心粉丝大声地回敬了一句："是你爸！"

接下来便出现了极为混乱的一幕：也不知是谁先动的手、是谁先扔的"第一块石头"，反正塞拉与他的朋友和那位演员的粉丝们以及舞厅的侍者们打作一团。一时，出现了一幅疯狂的画面：桌椅板凳、烟缸台灯、酒杯酒瓶等能用上的东西都用上去了，能扔的东西也都扔了出来，粗野的叫骂声伴随着各色的东西杂物在舞厅上下翻飞。这壮观的情景在其他的旁观者看来，比美国西部片中的打斗场面都毫不逊色。

在这次的激烈战斗中，塞拉的朋友马里亚诺·莫雷罗的妻子——罗莎也巾帼不让须眉地参加了进来，只见她手握一只鞋子，对任何靠近她身边的人，不管是敌是友，挥起鞋便打，而且还一面打一面鼓动塞拉的妻子罗莎里奥也加入进来。不过，这天塞拉的妻子罗莎里奥刚刚新买了双"玻璃丝袜"穿在腿上，生怕弄破了不合算，便躲在一边不肯加入争斗。只一会儿工夫，"卡萨布兰卡"舞厅就变得面目全非、惨不忍睹了。后来，据舞厅主人事后估算，损失在两万比塞塔左右，这在当时是笔不小的数目。

最后，当警察赶到逐渐平息了这场恶斗时，冷静下来的塞拉忽然感觉好像自己的裤子湿了，原先还以为自己坐到了水洼里，于是向妻子要了一块手帕想擦拭一下，这时才发现不知谁在混乱中，往他的屁股上狠狠地扎了一刀，由于那会儿正处在打斗中的亢奋状态，才没有发觉。

在这次打斗中所挨的这一刀让塞拉后来吃尽了苦头，因为这一处并不算深的刀口，竟让他前前后后动了不下二十次手术，也没能彻底痊愈。这对于一个每天大部分时间要坐在椅子上写字的作家是很痛苦的事情。后来，在到拉科鲁尼亚和英国讲学期间，塞拉也动过手术。由于伤口时常发生脓肿，塞拉在很长的时间内只好在身边放一只橡胶救生圈，屁股疼起来的时候坐在上面，让伤口处悬空，以免承受挤压。

最终，这次发生在"卡萨布兰卡"舞厅内的打斗以警方介入、将闹事者悉数带到警察局而结束。因为法院的检察官伊索尔纳先生是加利西亚人，也是塞拉的朋友，所以伊索尔纳通过一定的方法让舞厅老板知道了这位卡米洛·何塞·塞拉当年从内战战场上复员回来时带了一把38毫米口径手枪和一张写着"持枪者头脑不正常，故不对其行为负责"的医生证明。对此，舞厅老板只能自认倒霉，别说起诉塞拉了，就是索赔的兴趣最后也没有了。最后，这次的冲突事件也就不了了之了。

3. 定居帕尔马

1954年冬天,塞拉一家逃离了马德里的喧嚣,乘飞机来到地中海上的巴利阿里群岛中最大的马略卡岛。

卡米洛·何塞·塞拉之所以离开马德里,并不是因为感情上的因素,而是主要基于现实的原因:自从塞拉一举成名之后,频繁的社交活动、朋友的包围以及经济状况的改善等,都彻底地打乱了塞拉原先的生活和写作节奏,让他再也无法安安静静地坐下来进行文学创作了。

为了消除马德里的环境对他文学事业进一步发展所造成的障碍。塞拉与妻子来到了马略卡岛,想寻找一所靠近海边的房子安心写书。首先他们来到的是马略卡岛的首府帕尔马。但来到这里后,他们发现这里也并不是他们十分中意的地方。于是,他们再次穿越全岛,希望能寻找到一处僻静而阳光充足的地方,好静下心来完成自己的写作,最后来到了波林萨港。

波林萨是马略卡岛北端的一个大村庄,历史上曾有过几个重要的音乐家和画家出现在这里,所以在文化方面小有名气。这里是一处港口,早年为了防备海盗的袭击,把村子建在了离海边稍远的地方,只是在靠近海边的地方建了少许的房舍,当做渔民的临时住所,称作波林萨港口。后来,随着时间的推移和旅游业的发展,波林萨不像马略卡岛上的其他地方一样变得越来越千篇一律,而是保留着原来的面貌,而这些原来所修建的渔民的住所也逐渐有度假者和外国游客住进来。

波林萨的房屋修建大都有共同的特色,一般都只有两层,外面有檐廊,大门前面是带有凉棚的平台,傍晚时分,一家人可聚在平台上乘凉。随着经济的发展,波林萨的房屋修建得也越来越多,房屋一幢挨着一幢,沿海滩伸展开去,成了一道亮丽的风景线。在稍远处,也有一部分风格各异的豪华房舍,这些都是有钱人为在此度假而建的别墅。此外,附近还有一个水上飞机起降场,原先曾是个军事基地,不过现在都基本上被废弃了。

塞拉立刻就喜欢上了这里——这不正是自己在苦苦寻找的理想地方吗?这是一个开放的港口,这里既偏僻又与世界保持着联系,到处可以见到快要退休的英国人。虽然这里只有一家食品店,很难买到报纸和杂志,但是这里却有旅馆和在这个小村庄里略显豪华的咖啡厅。总的来说,这是个令塞拉比较喜欢的小地方。

于是,就在这年冬天快要结束的时候,塞拉和他的妻子在波林萨的拉戈街租了一幢房屋。刚开始的时候,这里很安静。但几个月后,夏季临近时,情况却发生了很大的变化:邻居家来了几个放暑假的孩子,整日在门前喊叫、玩耍,更糟糕的是,为了不让孩子影响塞拉的写作,这位孩子们的父亲不得不不时地大声斥责孩子,让他们住口,说隔壁的作家正在写书。

为此,塞拉不得不把写作改在了夜里,但是,由于塞拉租的那房子比较小，只有一个房间，他妻子罗莎里奥只好亮着灯睡觉，但是，这样的状况没能持续多久，他们还没等到夏天过完便搬走了，然后在港口最偏远的地区、靠近水上飞机起降场的地方，重新租了一幢房子。

塞拉这次租的房子比前一次租的房子要大得多，分上下两层，还有一个四方的大院子。房子的一侧是海，一侧是水上飞机场，屋后不远处就是山冈，只有一面有邻居。塞拉为委内瑞拉政府所写的《黄头发的女人》一书就是在这所房子里完成的。

在这里写作《黄头发的女人》的时候，虽然环境非常安静，也再也没有来自邻舍的干扰，但是塞拉仍旧在夜晚进行写作。他的办公室在一楼宽大的厨房中，里面放了一张大写字台。每天夜深人静的时候，塞拉在此开始伏案写作，直至黎明才去睡觉。他睡到吃午饭时起床，然后不是待在家中看书，就是和朋友们聊聊天。在每天的黄昏时，他和妻子出去，一同沿着海边散步。在晚些时候，等回来吃完晚饭后，塞拉又重新回到写字台前伏案写作。

每当塞拉创作一部较重要的作品时，都基本上是严格地按这套规律生活和写作的。虽然塞拉在新闻界面前给大家的印象是个放荡不羁、对写作满不在乎的作家，然而，那只是他用来对外人保持神秘的一种策略，实际上，他对待创作是十分严谨和认真的。后来，在一次记者采访他的时候，他直言不讳地说，创作灵感就在于每天都坐在那里不停地写作，没有捷径好走。

Chapter 4 | 第四章 光环之下

虽然许多读者对塞拉作品中流畅的文字印象很深刻，认为作为这样一个天才的作家，他的那一页页优雅漂亮的文字肯定是信手拈来、即兴发挥的结果，但事实并非如此，塞拉的小说并不是轻而易举地完成的。据塞拉的儿子后来讲："卡米洛·何塞·塞拉用他那书法家的字体写出一句话，然后再接着写上一句话。改动二三个词，随后小声地朗读一下整个段落，以便发现音韵效果上的疏漏之处，然后修改一遍又一遍。有时候，在漫长的写作告一段落之后，仅仅剩下一页文字，甚或更少。仓促行事是与这位作家的生活习惯最格格不入的。"

由此可以看出，塞拉对待写作的态度是多么严谨和认真，这位知名的多产作家所写出的众多著作的每一页无不是他心血的结晶。

当塞拉的这本关于委内瑞拉的小说《黄头发的女人》在幽静的波林萨创作完成后，塞拉和妻子返回马德里处理一些事务。1955年6月，他们再次返回波林萨后，决定不再返回马德里了。

20世纪50年代的波林萨充满了幽静和喧闹、豪华和拙朴，既有残破的渔村景色，也有新建的豪华别墅；既有社交场合，也有清静的去处。塞拉在这里的生活平淡而充足，这对他来说确实有一定的吸引力。不过，这一切却都是夏季的情况，一到冬季，波林萨的环境就是另一个样子了：这时，波林萨的外来度假者都已人去屋空，仅留下一幢幢上了锁的房子，静静地伫立在那里；街上见不到几个人，到处冷冷清清。虽然塞拉一家来到这里是为了躲避马德里的喧嚣，但是在这样一个冬天荒凉得如同幽灵般的村庄也不是他们所要寻找的最后归宿。于是，塞拉夫妇决定离开波林萨，搬到马略卡岛的首府帕尔马市去住，其理由是：他们的儿子需要一所较好的学校接受教育，而这在波林萨是不可能的。

那时的帕尔马市虽然还不像如今这样车水马龙、嘈杂纷乱，但有了在马德里那喧闹的烦恼之后，塞拉夫妇放弃了在市中心区居住的想法，而是打算在郊区找一个有田园风光的地方。最后，他们选中了位于松·阿尔马丹斯区的一幢房屋。

塞拉夫妇所选中的房屋坐落在卡尔沃·索特罗街和森林街的拐角处，是一座瑞士风格的木结构房屋。沿着卡尔沃·索特罗街一直走就是戈米拉广场，沿森林街往前走300米左右就是贝列维尔森林。

塞拉夫妇选中的坐落在森林街1号的居所是一幢崭新而又舒适的房屋，在当时来说，不仅可以算得上比较现代化，甚至能称得上豪华。那里不但空间宽敞，起居室与小花园结合得也很完美，厨房和厕所的设备也都很现代化。最为重要的是，这幢房屋的周围环境很清静，花园阳台朝向卡尔沃·索特罗街，对面有一处网球场，旁边是一大片麦地。

森林街1号居所的这种舒适的现代化住房与田园风光相融合的条件，比起塞拉在马德里的家的确是一大进步。这里不但可以开展社交活动、举办晚会，也可以请朋友来家中小住几天，高兴时还可以随意地走到街上的小店里喝上一杯，与熟人闲聊上几句，或是到不远的森林里呼吸点新鲜空气，放松一下精神。因此，塞拉夫妇对他们的这个新居非常满意。就这样，塞拉夫妇终于在帕尔马定居下来。

4. 276期杂志

1956年4月，在帕尔马市这个西班牙一个边远省份的城市里，一份纯文学杂志《松·阿尔玛丹斯文学报》诞生了。这份由塞拉主办的曾被人预计寿命不超过3个月的文学刊物，最后居然生存了24年，共出版了276期正刊以及一些特刊和副刊。这在西班牙以及整个世界的文学界都是一个巨大的奇迹。

《松·阿尔玛丹斯文学报》的创办源于塞拉的一个大胆的想法。当时，塞拉刚刚搬到帕尔马市的森林街1号居住。因为塞拉是个生性喜欢冒险的人，总喜欢面对各种各样的挑战，所以他在帕尔马定居下来之后不久，就产生了一个要办一份文学杂志的想法。

当塞拉把他这个大胆的想法告诉周围的朋友时，绝大多数人都认为这份文学性月刊寿命最长不会超过3个月，因为在当时西班牙没什么人读诗歌和小说，更不要说去读文学评论文章了。塞拉的许多朋友都劝他放弃这个不切实际的想法，并举出其他一些文学刊物的遭遇以证明这个想法中存在的风险，因为当时就连著名的包括了更广泛的人文科学领域的《西方杂志》也都由于办不下去而停刊了，更别说其他一些文学杂志的命运了，有的仅仅出版了几期后便悄然夭折了。

面对亲朋好友的劝告和来自各方面的令人很不乐观的消息，塞拉不但没有泄气，反而更加下定决心要把这份文学杂志办出来。塞拉天生就是个乐观派，他没有那种听天由命的人生信条。他坚信，对于想做的事，不管遇到多大的困难，只要通过锲而不舍的努力，就一定能够成为现实。所以，塞拉在面对众多朋友的善意劝告时，仍然坚持把这份刊物创办出来。于是，经过一段时间的操作和努力，这份杂志终于在1956年的4月诞生了。

由于塞拉的家（森林街1号）位于帕尔马市的松·阿尔玛丹斯区，所以这份由塞拉主办的文学杂志取名为《松·阿尔玛丹斯文学报》。

《松·阿尔玛丹斯文学报》创办后，是在帕尔马市卡拉特拉瓦街的莫赛恩·阿尔科维尔印刷车间印刷的。由于当时还没有十分现代化的设备，从排字、制版到印刷都是手工操作，折页装订后不切边就直接送走了，所以读者买来杂志后还要亲自把边裁开，一般细心的人往往拿一把裁纸刀，一边裁一边看，而粗犷一点的人则干脆就用手指撕开来看。

《松·阿尔玛丹斯文学报》杂志创刊后，封面一直使用黑色和另外一种颜色进行搭配，有时是石榴红，有时是绿色或蓝色以及橘黄色，然后每隔一段时间变更一次。

塞拉把这本杂志分成许多栏目，每个栏目都用漂亮的美术字体印出，起到一种装饰作用，有内容为杂文的《理性工作间》、内容为诗歌的《投石手》、主要发表散文故事的《卢卡诺尔伯爵广场》和综合性栏目《风向标》。当然，这些是常设的栏目，除此之外，还按照需要不时增加一些新的栏目。

作为一个偏远地区的纯文学杂志，能够创刊和在相当长的时间生存下来，成为了当时让在马德里的许多"智者"都一直无法解开的谜。当时，在西班牙的文学圈子里有这样的一个传闻，就是说这份杂志得到某一个大企业家的赞助。当然，这只是人们希望能破解这个杂志资金之谜的一个臆想。最后，这个谜底的解开还是在24年后，塞拉在《松·阿尔玛丹斯文学报》停刊前的最后一期上发表的告别辞中列举了该刊所得到过的全部帮助：

> 乌尔比斯俱乐部承担了为画家索拉纳和著名的加泰罗尼亚建筑师高迪出专刊的费用；诗人托梅乌·布亚达斯承担了《福门托尔诗集》的出版经费；知识与出版协会在著名作家安赫尔·费兰特弥留之际为出版他的纪念专刊而赞助必要的费用。

从这里可以看出，《松·阿尔玛丹斯文学报》的这些赞助都是为出版某一增刊和特刊而拿出的专项费用；唯一非专项的一笔收入来自杂志停刊前不久，外交部和文化部购买了一批《松·阿尔玛丹斯文学报》。

其实，塞拉所创办的《松·阿尔玛丹斯文学报》的诞生和生存主要靠三项收入，包括刊物的销售收入、杂志的订阅者和广告费，其中刊物的销售收入从一开始就不理想。因此，文学报生存和发展主要靠另外的两个经济来源。

刚开始时，《松·阿尔玛丹斯文学报》杂志的订阅者全都是塞拉的朋友，达到了300多人。这些最初的《松·阿尔玛丹斯文学报》的忠实支持者们，对杂志的生存和发展起了重要作用，尤其是在创办初期，主要靠着他们的支持才得以度过困难阶段，坚持了下来。在《松·阿尔玛丹斯文学报》杂志站稳脚跟之后，销路逐渐打开，随着订户的增加，来自美洲大陆多所大学的订数已大大超过原有的订户。

杂志的另一项主要的收入来源就是广告费。从《松·阿尔玛丹斯文学报》的第一期开始，就辟出最后的几页来刊登广告，所辟出的这几页全部是彩色插页。出钱做广告的有"珍品画廊"、"西班牙国家电台"和一些出版社，如"古斯塔沃·吉利出版社"、"诺格尔出版社"、"命运出版社"、"赛伊克斯·巴拉尔出版社"等。

在塞拉及其朋友精心的打理和呵护下，《松·阿尔玛丹斯文学报》很快就健康成长起来。当然，《松·阿尔玛丹斯文学报》在出版和成长的过程中，也不是一帆风顺的。虽然在那么多年里，这本杂志基本上保证了能按期出版，但时常会遇到延迟发行的情况，有时一两个星期，最长达三个星期。

其中，有一次延迟甚至威胁到了杂志社的信誉：

那是发生在《松·阿尔玛丹斯文学报》创办不久后的一件事：有一天，一群被送往屠宰场的牛在经过印刷车间的门前时，突然闯了进来。这事发生得很突然，似乎让人有些难以置信，因为那些略显笨拙的庞然大物要登上三级陡峭的台阶，穿过一扇窄小的门才能进入车间，然而，它们还是进去了。

这些本已受了惊吓的牛冲进印刷车间后横冲直撞，虽然斗牛活动在西班牙很受人喜爱，但并非人人都有斗牛的天分。那些工人见状吓坏了，纷纷跳到桌子上或机器上躲避，牛群在车间里上蹿下跳的，拱倒了油墨桶，印好的杂志和作者的原稿被他们踩在蹄下踏得乱七八糟，不但这样，它们临走之前还翘起尾巴在上面留下几团牛粪以示"功德圆满"。于是，这一期杂志晚出了很长时间。

这只是特殊情况，但当时杂志的负责人还是要常常为使杂志准时出版而花费很大的精力：他们要经常同印刷厂进行交涉，督促他们按时完成印刷工作。对此，所有主持过该刊编辑发行工作的人均有体会。不过，尽管有时会稍迟一点儿送到读者手上，但从整体上来说，杂志的发行工作基本上得到了保证。

有付出就有收获，《松·阿尔玛丹斯文学报》在长达24年的历史发展中，对西班牙的文学创作和发展起到了重要的作用。据该刊原来的主要负责人之一安赫尔·拉伊蒙多·费尔南德斯整理出版的一份《松·阿尔玛丹斯文学报目录》统计，在《松·阿尔玛丹斯文学报》全部276期杂志上发表过文章的作者共有1045位，其中有许多是当今西班牙文坛的领军人物，如米·安·阿斯图里亚斯、阿亚拉、塞拉、吉尔·阿尔贝特和费尔南德斯、桑托斯等等。这些人后来都曾获得"莱奥波尔多·阿拉斯文学奖"。

另外，在《松·阿尔玛丹斯文学报》的诗歌栏目中发表作品的有300多位诗人。在这些人中，有的已是著名诗人，有的刚刚有点名气，有的在当时还默默无闻。其中最著名的有阿尔维蒂、阿莱克桑德雷、达·阿隆索、塞努达、迭戈和纪廉等"27年代"的几位大诗人；有两位资格更老的诗人——胡安·拉蒙·希门内斯和莱昂·菲力普；还有美洲的诗人米格尔·安赫尔·阿斯图里亚斯等。

《松·阿尔玛丹斯文学报》选登的诗歌，包括了半个世纪中西班牙诗歌领域的各种流派和倾向的作品，每期刊登20页诗，为诗歌发展做出了巨大的贡献。另外，该刊还刊登过十几个剧本、六百多篇评论性文章等，还有为著名画家毕加索、米罗和塔皮埃斯，雕塑艺术家费兰特，建筑大师高迪，著名作家巴列·因克兰、阿尔贝尔蒂、马拉尼翁、达·阿隆索、西尔维里奥兰萨，著名诗人加西亚·洛尔卡和阿莱克桑德雷等几位文化名人出的专集。

《松·阿尔玛丹斯文学报》在出版运行了24年、留下了276期杂志后，由于种种原因停刊了。在24年当中，卡米洛·何塞·塞拉为《松·阿尔玛丹斯文学报》的诞生和发展付出了巨大的精力。在最后出版的一期《松·阿尔玛丹斯文学报》的开篇登出了塞拉的《几句告别的话》，在这篇短文中，塞拉写道：

> 这本普通的杂志，小心翼翼地和筋疲力尽地，力求悄悄地消失，而不愿意大肆张扬，因为在葬礼上制造轰动不是谨慎的行为。
>
> 我们坦然自若、问心无愧地等待着所有人的评判。

5. 当选院士

西班牙皇家学院始建于1714年,又叫西班牙语言学院,是西班牙几个皇家学院中最著名的一个。皇家学院成员最重要的职责是维护西班牙语言的纯洁性,颁行西班牙语规范词典。西班牙的费利佩五世国王敕令授予皇家学院成员以各种特权。所以说,能够进入皇家学院成为院士,意味着一种极高的荣誉,只有那些在语言方面有极大建树、学识渊博、在西班牙语言和文学领域做出杰出贡献的人物,才有进入皇家学院的可能。

西班牙皇家学院院士的位置按西班牙语字母顺序排列,而只要获得其中一个位置,便意味着是终生的荣誉,因为按照院士的选举规则,只有当一位院士自然死亡后,才会选举一名新院士来取代他的位置。

塞拉的名字最初进入皇家学院是在1956年。在当年的院士选举结束后,一位朋友告诉塞拉说,在皇家学院的候选人名单中提到了塞拉的名字。对此,塞拉几乎有点不敢相信;后来,这消息从塞拉的好朋友胡利奥·卡罗·巴罗哈那里得到了证实。

胡利奥·卡罗·巴罗哈是在皇家学院里很有影响力的著名大作家,当时有一位候选人为争取支持而找到了他,为此，这位老作家让他的侄子带了一张纸条给皇家学院，在这张纸条上写明了他对候选人的想法，他只简短写道："如果塞拉作为候选人，我将投他的票。"

塞拉听到这些消息后，感到鼓舞和振奋，于是也开始有了向皇家学院院士进行冲击的想法和打算。按照皇家学院的传统习惯，申请人必须向皇家学院的院士们（尤其要向支持其作为候选人的院士们）提供一份精心准备和礼貌周全的意向书。对此，塞拉还是实行那种特立独行的具有鲜明特点的行事方法：他不但给所有的院士都寄了一份，而且还给马德里—阿尔卡拉教区大主教和西印度地区总主教各寄去了一份（后者对他的文学作品是很不欣赏的）。

从马德里的"四月书店"，塞拉给每位院士寄去了一部自己刚刚出版的游记作品《犹太人、摩尔人和基督徒》。对此，院士们纷纷回信表示感谢，并且同时向塞拉表明了各自不同的态度。在这次的回复中，有几个人的态度比较明确（如马拉尼翁和维森特·阿莱克桑德雷等人就旗帜鲜明地鼓励他并保证到时会推举他），而另外一些人的态度则比较暧昧。

不过不管怎么样，塞拉通过这些回信，对自己的情况有了比较充分的了解。随后，他又同马德里方面通电话，给未能通话的院士写信，用一种比较委婉的方式巧妙地阐明了他申请进入皇家学院的意向。虽然当时有许多朋友坦率地在回信中表明了态度，表示会投他一票，但也很快有了有关塞拉的一些谣言和对他的人身攻击。

当时，在接近皇家学院的人士中间开始流传一种说法，说塞拉是同性恋者和嗜毒成瘾的人，并且还有鼻子有眼地说他抛弃了自己的妻子，使她落入极其贫困的境地。而且恰恰在这个重要的当口，他的妻子正患严重的腹膜炎住院治疗，几乎被病魔夺去生命，对这些谣传她根本不知道。

俗话说："众口烁金。"再加上塞拉平时给人的印象总是那么与众不同，所以这些四起的谣言让塞拉处在了舆论的风口浪尖上，让一些不知真相的人信以为真。而且，就连一直坚定支持塞拉当候选人的达马索·阿隆索也沉不住气了，他给塞拉写了一封信，信中客气地对他劝告了一番，并抱怨说："也许你的大胡子会使你失掉一些皇家学院的支持。"（因为在那个时代的西班牙都把法西斯式的小胡子当做时髦，而塞拉却我行我素地留了一脸络腮胡子。）

塞拉在收到达马索·阿隆索的信后，回答得非常干脆利索："我不打算剃掉它。"这当然非常符合他的性格特点，因为在塞拉看来，这不仅仅是关于留什么样胡子的问题，而且还关系到自己的处世原则问题——对此他是绝不会后退的。

塞拉决定接受各方面的挑战，于是采取了一种不攻击别人而只作自卫的策略。一方面，他不去理睬那些谣言和诽谤；另一方面，他开始采取接近那部分态度暧昧的院士的策略。在这个过程中，塞拉在马德里的朋友起到了很重要的作用：塞拉身处远离马德里的马略卡岛，所以平时都是他的一些朋友们在马德里"冲锋陷阵"，扮演着各种艰难的角色，在斡旋和收集情报，一刻也不敢放松；而塞拉在大多数的情况下保持着沉默，只是在需要的时候偶尔写几封信。

1956年10月底，在不到两个月的时间里，海军上将埃斯特拉达和皮奥·巴罗哈相继去世，皇家学院里一下子空出两个位置。而在此之前，维森特·阿莱克桑德雷、拉法埃尔·拉佩萨和华金·卡尔沃·索特罗已联名向皇家学院提议卡米洛·何塞·塞拉为候选人。

在这种情况下，事情反而变得复杂了——由于空位的增加，使获取空位的可能性也相应地增加了，于是竞争更加激烈，所有的候选人都抱着更大的期望投入竞选。面对这一复杂形势，塞拉决定先行退出，因为他宁肯把通往皇家学院的路让给阿古斯汀·德福克萨，也不愿陷进一场前景不明的争夺之中。

没过多久，马拉尼翁再次鼓励塞拉作为海军上将埃斯特拉达的继承者重新试一试自己的运气。对于塞拉来说，他当然更能希望得到皮奥·巴罗哈空出的位置，但在理想和现实之间，他只能面对现实。于是，塞拉决定重新尝试一次。就这样，由马拉尼翁、阿莱克桑德雷和卡尔沃·索特罗3人推荐，塞拉作为唯一的候选人再次向皇家学院提出申请。很快，大部分院士们都提前开始向他祝贺了，他们预测说，这次一定会"鼓掌通过"。

1957年2月27日，在投票之前，塞拉提前来到巴塞罗那并住进了阿里卡萨饭店，静静地等候消息。在经过漫长的等待后，这次皇家学院的大会终于进行了最后一项议题，即院士的投票选举。在当天参加投票的25位院士中，21人在选票上写了卡米洛·何塞·塞拉的名字，其余4票为空白票。在投票结束后，塞拉的好友华金·卡尔沃·索特罗第一个给他打来了电话，通告他投票的结果。

年仅40岁的卡米洛·何塞·塞拉被选为皇家学院院士的消息不胫而走，立刻传遍了全西班牙，甚至越过大洋传到了拉丁美洲，引起了各界人士的广泛议论。

1957年5月26日举行了卡米洛·何塞·塞拉正式进入皇家学院的仪式。当时，西班牙的《向上报》刊登了一组照片，向读者展示这位新入选的皇家学院院士在参加仪式当天的全部活动：第一张是他刚刚醒来还躺在床上的照片。接着是一张新院士冲澡的半身照——胡子上堆满了泡沫的塞拉，正扬起一条手臂往胳肢窝里打肥皂。这张照片令所有读者哗然，造成很坏的影响。之后是塞拉与妻子和朋友共进午餐的照片，细心地穿上燕尾服、一边扣纽扣一边让朋友帮他系领带的照片，坐在汽车里前往皇家学院的照片，面对忠实的听众演讲的照片，塞拉与母亲拥抱的照片，最后一张是夜幕降临之后，他手持一杯威士忌，双脚跷在书桌上的照片。

卡米洛·何塞·塞拉进入皇家学院的仪式成为马德里最引人注目的一次社交活动。正如一位记者在报道中对当时的现场情况所作的描述那样："在入院仪式开始前的一个小时，人群便聚集在了皇家学院的门前，有令人肃然起敬的先生，也有年轻人和上流社会的太太们，有大学预科的学生，也有艺术家和众多摄影记者，还有许多年轻小姐，那情形更像是前来出席某个时髦音乐会的发布会。"

其实，在当天的仪式上，除了这位记者所提到的这些人外,还有塞拉的朋友们和随时准备寻机破坏仪式的一部分颓废派诗人——他们专门同皇家学院的先生们作对。当然,这位记者先生所提到的这些人物大多是为了参加塞拉的入院仪式而来的,而之所以在塞拉的入院仪式上有这么多人参加,引起了那么大的轰动,主要是因为塞拉在文学创作上取得最初的成功之后,就成了一位与众不同的作家,他能够与深藏在每个西班牙人内心深处的反抗意识相沟通。他对官方文化的蔑视、他那与时尚格格不入的络腮胡子,他那尖酸刻薄的话语,他同书刊检查机构的争执,他那时而高雅时而低俗的语言以及他年纪轻轻即取得的巨大成功,都使他成为一个反潮流的典型。

按照皇家学院的规矩,在正式被接纳为皇家学院院士的入院仪式上,卡米洛·何塞·塞拉必须朗读一篇演说辞,而且还要由一位院士对他的演说做出答复,而这个人恰恰是格雷戈里奥·马拉尼翁。马拉尼翁是一位与塞拉性格截然不同的知识分子,他谦恭谨慎、严肃认真、彬彬有礼。因此,这两位不同类型的知识分子在这次仪式上的交锋,也成了这次仪式上的一大看点,吸引了众多人的眼球。

第一个上场的当然是塞拉。只见他不慌不忙地走上讲台说:"从现在开始,我若是再到西班牙什么地方去游荡,一旦途中遇上警察要我出示证件,我就掏出一张印着显眼的大字的名片,上写'西班牙皇家学院院士卡米洛·何塞·塞拉'。"接着他又说,"目前最可能出现的情况是,不管是不是院士,警察都会逮捕我。"

塞拉演讲的这个开头让那些希望看到戏剧性场面的人认

为将有"好戏看了"。然而，刚把人们的胃口吊了起来，这位新院士话锋一转，谈起了关于画家索拉纳的文学创作，虽然旁征博引、口若悬河，但是并没有人们特别感兴趣的地方，或者说并没有按照人们所希望的那种内容去演讲。当然，这也怪不得他，因为在此之前，他要把自己所演讲的内容交给皇家学院通过审查。

接着，轮到马拉尼翁对他的演讲进行答复。这时听众又重新提起了情绪，静观这位有威望的老院士如何表态。按照皇家学院的规定，要求对新院士的成就和缺欠做出具体的评价。

塞拉在历次演讲中表现得都非常圆滑，有时让人觉得已抓住"牛角"了，而他又十分机智地挣脱了出去，一点儿让别人与他争论的机会都没有留下。所以，在进行这次演讲时，马拉尼翁索性也"王顾左右而言他"，谈起了塞拉作为电影演员、画家、不走运的士兵和业余斗牛士的一系列专长。

最后，当马拉尼翁谈到文学的时候，口气发生了根本的变化，他回忆说："20年前，我就曾在皇家学院扮演过同样的角色，那次是接纳一位一向嘲弄传统观念的作家皮奥·巴罗哈进入皇家学院。这两人的进入，都在循规蹈矩、令人尊敬的博学之士们的大本营里造成震动，就好像突然之间打开一扇窗子，吹进一股春风搅动了原来的气氛。但是，巴罗哈和塞拉的反学院主义态度是源于对某些个别人及某些特定的行为的蔑视，从任何意义上说，都不是针对整个皇家学院的……"

在进入皇家学院的最初一段时期里，塞拉对他在皇家学院里所担负的任务非常认真和上心：每个星期四一大早，他都会搭乘从帕尔马市飞往马德里的班机，准时出席每周的例会；他有时会提出一些书面议案，有时参与谋划新皇家学院成员的推选。不过后来，他对皇家学院的热情渐渐地减弱了，以致最后连皇家学院都懒得去了。当然这并不是因为懒，而是由于他对皇家学院的某些人有看法。

尽管如此，塞拉对他是皇家学院院士的身份还是比较在意的。只要是皇家学院的院士，人们就会称呼其为"尊贵的先生"；除此之外，还有权使用印有"皇家学院"字样和标识的信笺；另外，每出席一次会议，每人有45比塞塔的津贴（后来津贴费在后几届文化部长当政期间提高到了将近500比塞塔）。当然，当时已是百万富翁的塞拉对津贴的多少是不太在乎的，他在乎的是皇家学院院士的一些荣誉。

有一次，在福门托尔饭店举行的一次小小说评奖文化活动的晚宴上。马略卡岛帕尔马市政府的一位礼宾官员在安排座位时，由于对皇家学院院士应受到什么样的礼遇一无所知，于是在确定餐桌席位的时候剥夺了塞拉主宾席的位置，而把这个最高的席位安排给了一位年事已高、浑身毛病并咳个不停的神父。

这下子可惹恼了塞拉，为此，礼宾官只好向塞拉解释说："我觉得最好让他来当主宾，因为您知道，卡米洛先生，他是神父，而且年纪也更大……"

听完这位礼宾官小心翼翼地解释后，塞拉瞪着眼看了他半晌，然后回答说："您真走运，今天阿斯图里亚斯王子不在场,否则,按照您的观点,您得把他轰到厨房去用晚餐了。"

6. 900平方米的别墅

塞拉一家在搬到帕尔马市后,就住在了森林街1号。但住了没多长时间,塞拉就又搬到了距那里不远的特莱诺区的何塞·比利亚隆加87号:虽然森林街1号的房子既舒适又漂亮,而且还拥有朝向网球场的晒台,但却缺少一处僻静的房间,无法让塞拉不受任何干扰地关起门来写作,这对一个作家来说是个非常严重的问题;况且,塞拉作为一个与众不同的作家,无论是写作还是生活,都有着独特的习惯和要求。

塞拉在进行文学创作的过程中,对周围的空间和环境有着非常严格的要求,这与他的创造性思维有着密切的关系。塞拉在写作时有一个固定的习惯,就是用手写而不是用打字机写,即用钢笔蘸着墨水在空白的本子上写作。但是,在创作不同的作品时,他却有着很不同的要求。例如:塞拉在写作杂文、评论和短篇故事时,可以在卧室、沙发、阳台上等任何一个角落写作,而如果创作的是部重要的作品,那就要另当别论了。

塞拉在每一次创作其重要的小说时,都要经过反复推敲、深思熟虑之后,先定下这部小说的名字,然后精心地安排一个适合创作这部小说的特定环境。例如：在创作《复活节早祷式》这部小说时，他就是先让人制作了一个三扇相连的大屏风，然后用黑色的纸把屏风的面糊上——他写作时用这大屏风将自己围在里面。这是因为，在塞拉看来，写作《复活节早祷式》这样的小说，需要的是一个绝对孤独的、与世隔绝的环境，以便让他能够从自身意识的最深处挖掘出种种难以摆脱的内心独白。在这种情况下，外部世界就会成为他写作过程中的一种障碍。

与此不同的是，塞拉在写其他大多数小说时需要寻找一处面临喧闹的大海、视野开阔的地方，或者面对远处灯火辉煌的城市背景的地方进行写作；当然，他也时常背对着窗门，面对装满书刊的书架埋头创作。

有的时候，塞拉要寻找一个特别的场合进行创作，并不是为了尽快地打开思路或进入状态，而是有着极为现实的客观原因。如：塞拉创作《玛丽亚·萨比娜》这部作品的时候，就是在他家中一根柱子上安装的书刊阅读架上站着写完的。究其原因，是因为他在委内瑞拉"卡萨布兰卡"舞厅的那次混战中所受的刀伤复发了，站着写作只是为了让他那倒霉的屁股少受些痛苦和折磨。

正因为塞拉有着对环境如此严格的要求，所以他只在森林街1号住了不长的时间，便搬到了何塞·比利亚隆加87号。这是一幢典型的马略卡岛风格的建筑，面积很大，由两层居室、一个屋顶平台和一个地下室组成。搬到这里后，塞拉一家住在楼上，地下室就作为《松·阿尔玛丹斯文学报》的编辑部。

相对来说，在何塞·比利亚隆加87号住的时间还长一些，一共住了5年。在这5年里，塞拉进入了西班牙皇家学院，有了一辆私人汽车，并且剃掉了他的大胡子，而且《松·阿尔玛丹斯文学报》也开始有了名气，订数增加了，培养了一批杂志的忠实读者。可以说，在这里的5年时间是塞拉一生中比较重要的人生阶段。

1962年，塞拉决定建一座真正适合自己的新房子。这一方面是因为自从他给委内瑞拉写了那部《黄头发的姑娘》后，已成为了真正的中产阶级，有足够的钱用来建造自己想要的房子；另一方面也跟塞拉的一个不良习惯有极大的关系，这个习惯就是：塞拉有一种惯性的对空间的侵占。

塞拉习惯于对身边所有空间的侵占，就仿佛一个向外喷发岩浆和火山灰的火山口，他的痕迹不断向外扩展，直到把所有的桌子、床头柜、书架、衣橱、食橱，所有房间的沙发上都堆满了书、本子、稿纸和文件夹等东西，再到后来，东西没地方放了，他就把盛满卡片、书籍和纸张的盒子一个压一个地堆在地板上。

当然，塞拉对空间的习惯性侵占也有一种固定的程序：先是从他的办公室开始，然后向厨房和起居室发展，再接下来是前厅和卧室。在卧室被占领之后，就开始向其他服务设施扩展，如还没有人居住的客房、食品贮藏室和放卫生用品的仓库等，甚至连房子后面的车库里也放着书架。可以说，除了他们家的狗窝没有放书之外，其余的地方都被他的书和其他东西侵占了。

就这样,塞拉在何塞·比利亚隆加87号住了5年后,慢慢地感到这里也快放不下他的东西了,于是决定建造一幢足够大、完全按照自己的思路和想法设计的大房子。按照塞拉的设想,这所新房子既不能与别的房子雷同,也不能华而不实,他不需要豪华和虚假的舒适,不需要古典式的廊柱,也不需要汉白玉的客厅,他要的是一处实实在在供他工作用的地方。

想修建房子,首先就要选择一个好的位置。这对塞拉来说是最重要的。塞拉想在城外不太远的地方找一个僻静而又能够看到大海的地方。这时,住在伯纳诺瓦区的一位朋友告诉他说,在佛朗西斯科·维达尔街有一块要出售的地皮,位置不错,塞拉夫妇前去看了看,结果感到很满意,因为它的背后是一片森林,前面不远就是大海,这跟他们所思所想的环境完全一样,于是就把这块地皮买了下来。

随后,塞拉聘请了两位知名的设计师一起来为他设计这幢房屋。塞拉先是列了一张表,上面写明他所需要的设施和要求,包括这栋房子必须能够容纳足够摆放三万册图书的书架和书橱,他的办公室一定要宽敞、明亮,每个房间都要有一个洗澡间,一定要保证互不干扰和绝对的安静,还要留出整个《松·阿尔玛丹斯文学报》编辑部所需要的空间……

为了能够按照塞拉所提出的要求建造出一座与众不同的房屋,两位设计师费尽了心血,不仅图纸画了又改,而且地基部分也曾建好了又毁掉,重新改动过两次。

经过两年多的时间,到1964年,这座"现代"的建筑物终于完工了。虽然这幢房有900多平方米,但是这个庞然大物从海边望去却几乎看不到,这是由于房屋布局精巧、外表色彩较深,再加上背后有一片森林环抱着它。

这幢房屋的空间很大,整座房屋的地面,包括卧室、客厅、厨房、厕所和晒台的地面,都用细小的陶制铺地砖铺就;墙面被粉刷成白色,没有抛光;使用木头的地方都保持原木的颜色。这是最早将"粗糙"材料和"高级"材料结合使用的建筑之一。

在这座别墅的最高层,建筑师们还特意修建了一处画室,供塞拉重温年轻时的画家梦,然而,没过多久,这里照例变成了他存放书籍、杂志和画卷的仓库。另外,他在半地下室的部分建了一处小酒窖,存放美酒佳酿——后来这里成了最受客人们欢迎的地方。

酒窖里面除了存放平时喝的酒,还有一些空酒瓶。那都是些有纪念意义的酒瓶,是塞拉的朋友或某位名人赠送的酒:有西班牙国王胡安·卡洛斯一世送的,有毕加索和米罗这样的大画家送的,有米格米·安赫尔阿斯图里亚送的。而且,许多瓶子上写有赠言,五光十色,十分好看。在这其中,最漂亮的要数画家送的,上面画着色彩美丽的图案。还有一只瓶子上用不太规范的西班牙语写着几句赠言,落款处是"海明威"。

1964年春天,在房子的建设工程还没有全部结束时,塞拉一家就搬进了这座位于伯纳诺瓦区的别墅。由于在这之前他们全是租房子住,因而没有自己的家具,这次不同了,需要他们购买自己的家具。在最初搬入时，许多家具尚未送来，他们便买了一块床垫放在地上睡觉，装肥皂的纸箱就用来当床头柜。

不过，即使是这么大面积的房子，在塞拉搬进来没一年的时间，原先设计的用来放书的空间便被占满了，书架和书又开始向其他可利用的空间扩展。有一天，已经成为塞拉朋友的建筑师来串门，等上楼后看到他办公室的景象，大吃一惊。第二天一早，他就带来了一班工人，忙着将楼下的柱子都进行了加固。后来，塞拉感觉家中的空间实在不够用了，他的书再也没有什么地方可放了，于是就把隔壁家的房子买下来，以便继续往里面放他的书和画。

后来，塞拉在伯纳诺瓦区的这幢房屋曾被拍成照片，在多家专业性杂志上登出，作为具有超前意识色彩的建筑样板受到赞赏。

Chapter 5

CAMILO 第五章 高潮迭起
JOSÉ CELA

1.《没有爱情的寓言小札》

在塞拉的家里，有一张照片一直保存着，照片上有两个人，一个是塞拉，一个是著名的画家巴勃罗·毕加索。照片上的毕加索一面笑着，一面用手托着一大盘土豆正在往塞拉嘴里喂。这可以说是这位天才的画家唯一的一张给别人喂食物的照片。说起这张照片的来历，还要从塞拉第一次拜访毕加索开始。

巴勃罗·毕加索是位天才的画家，他对权贵极尽嘲讽，对弱者极富同情。他不属于任何地方的公民，言行放肆，几近粗俗，为人慷慨，不乏温情，性格暴烈，精力旺盛……所有这些特点都符合塞拉理想中的画家形象，而且也和塞拉有着极其相似的地方。为此，塞拉一直想找机会去拜访毕加索。

那天，塞拉第一次到毕加索在戛纳的家中去造访，不过因为他去之前并没有事先预约，所以去后被毕加索的仆人毫不客气地关在了大门外。正在这时，正在门口擦洗汽车的毕加索的专职摄影师戴维·道格拉斯·敦坎看见一直在门口徘徊的塞拉，上前问明情况，便把塞拉带到了毕加索面前。

当时塞拉已是很著名的作家了，所以在塞拉进来后，毕加索就邀请塞拉和他一起用餐。也许这是一次决定性的考验，他们都在观察和评价对方。毕加索的妻子杰奎琳端上一大盘土豆，但是塞拉拒绝吃。

杰奎琳感到很奇怪，便问塞拉："您是不是不喜欢吃土豆？"

"我当然喜欢，但是如果巴勃罗不亲自喂我，我就不吃。"

于是，接下来就出现了毕加索亲自喂塞拉吃土豆的历史性场面，而且毕加索还让自己的摄影师把这个场景拍照下来——在此之前还没有任何一个人向他提出过这种要求。

吃完土豆和其他东西后，毕加索也想考验一下塞拉，于是便对他说："我去睡个午觉，如果你觉得无聊，就看看这个活页夹，里面都是我画的画，而且绝大部分都有我的签名，你喜欢哪张可以随便挑。"

说完，毕加索就去卧室休息去了。塞拉并没有上他的当，只是随意地翻看了一下，一张也没有挑选。

毕加索睡完午觉起来，走到塞拉跟前问："怎么啦？你一张都不喜欢？"

就这样，两个都赫赫有名的大人物互相对视着，都想从目光中探察出对方对这次较量理解到什么程度。他们都知道，如果塞拉留下其中任何一张画，不管是什么画，他这次的来访到此就会结束了。

接下来，塞拉开始向毕加索夫妇讲述了自己这次来拜访的主要目的，就是自己主编的《松·阿尔玛丹斯文学报》准备出一期关于巴勃罗·毕加索的专刊。毕加索听后非常高兴，因为在当时的年代（20世纪60年代初期），他的祖国的一份杂志竟然要出版纪念他的专刊，这本身就是件很不容易的事，是和当时西班牙的主流媒体相违背的。

后来，为了落实《松·阿尔玛丹斯文学报》出版纪念专刊的一些技术问题，塞拉带着几位编辑和助手再次登门。塞拉打算在专刊的每一篇文章前都配上一幅毕加索画的插画。于是，毕加索就开始作画，塞拉在旁边静静地看着。在这个过程中，一个有创意的想法在塞拉的脑海中形成了。

塞拉对毕加索说，他的下一部作品将以毕加索这些插画为题材，即以自己的文字配上毕加索的插画。对此，毕加索刚开始并不感兴趣。他说，最好倒过来，他写诗，让塞拉为他的诗配插画——毕加索平时除了作画外也很喜欢作诗诗，并有好几个写满各种诗的本子。说完，他当下取出一本，大声地朗诵起来。

不过，过了没多长时间，毕加索觉得把他为《松·阿尔玛丹斯文学报》画的插图结集，配上塞拉的文字是个很好的想法。于是，他们开始筹划出版这本书，并把这本书取名为《没有爱情的寓言小札》。另外，这本书中除了毕加索为专刊所画的全部插图外，还有他答应塞拉为这本书所制作的一幅版画。对此，塞拉早就迫不及待了，于是立刻返回西班牙，亲自监督整个出版过程。

他们作为天才画家和知名作家，创作这样的一本书不但是绝配，而且在技术上是没什么问题的，其主要的难点在于要通过书刊检查这一关。

这两个人物都是当局非常头痛的：塞拉自不用说了，在很早的时候,就因为《帕斯夸尔·杜阿尔特一家》和《蜂房》的出版同检查部门有过过节,之后又因另一本描写斗牛士生活的故事集《加利西亚人和他的帮手》受到指责,检查部门认为那故事有影射攻击佛朗哥将军的嫌疑,为此还有人把这一指控反映到部长会议上去讨论;相比于塞拉,毕加索更是有过之而无不及,毕加索因为是无神论者、共产党、自由思想者和共济会嫌疑分子等而被西班牙执政当局视作现制度最危险的敌人。因此,这本由毕加索和塞拉合作出的书决不会被检查机构轻易放过。

而且,当时主管书刊检查的部长加布列尔·阿里亚斯·萨尔加多是个始终如一的佛朗哥主义的卫道士,他一向把拯救全体西班牙人的灵魂作为自己最重要的职责,所以,当他仔细地审看了《没有爱情的寓言小札》这本书后,认为其内容有伤大雅,于是指示坚决不能允许这样的一本书蒙混过关。

塞拉自小就是个不认输的人。为了能让这本书尽快出版,他最后找到了大名鼎鼎的神学权威萨图民诺·阿尔瓦雷斯·图连索神父,把书拿给他,请他发表见解。图连索神父看后发现里面并没有任何反天主教的内容,也不会对教众产生误导,因而不反对出版此书。连图连索神父这样著名的教会人士都赞同了,书刊检查部门也只好对此书放行。于是,兴奋的塞拉立刻给毕加索夫妇发去一封信:"我刚从马德里返回,在那里我为了把我的书稿从检察署的魔爪中解救出来而进行了英勇的斗争。尽管这是场艰难的斗争,但我最终如愿以偿,一字不少地救出了我的手稿。一切都过去了。"

但是,事情并没有向塞拉希望的方向发展,书刚刚印好,阿里亚斯·萨尔加多部长就发火了。他认为,不管神学家们怎么说,这书的内容也是亵渎神明的,而且那些插画显然是色情的。这样一来,塞拉和毕加索所费尽心机出版的《没有爱情的寓言小札》一书就面临着被禁止和被查封的危险。

当然,此书面临绝境的原因也并不完全是其本身内容造成的,这跟塞拉当时在一份声明上签字有关。当时,西班牙的一批知名知识分子发表了一项要求取消书刊检查制度和给予一定自由的声明,塞拉在上面签了字。这引起了西班牙当局的极大不满。最后,这份声明的领头者都被放逐到大西洋上靠近西北非的加那利群岛上去了,由于塞拉已经住在马略卡岛上,所以没再将他发配到加那利去,但是对由塞拉与毕加索合作出版的《没有爱情的寓言小札》却予以坚决的禁止。

不过,让塞拉深感幸运的是:几个月之后,1962年夏天,佛朗哥将军开始对他的政府进行了一番改组。在这次改组行动的第一天,来自加利西亚的政治家曼努埃尔·弗拉加·伊里瓦内便掌管了新闻宣传的大权。这位来自塞拉家乡的新任新闻宣传部长上台后采取的第一项措施，就是取消对卡米洛·何塞·塞拉所有作品的禁令。

于是，塞拉最著名的作品《蜂房》得以在西班牙公开出版，而《没有爱情的寓言小札》也重见光明。为此，这次真正春风得意的塞拉在写给毕加索夫妇的信中写道：

> 我刚从马德里回来，怀着满意的心情看到新任新闻宣传部长在对待巴勃罗、我以及我们共同的作品《没有爱情的寓言小札》的态度上，与其前任截然不同。这本书问世之后，曾在检查机构遇到了极大的困难——前一任部长的怒火由于我在某份反对检查制度的声明上签了名而越烧越旺。他把满腔愤怒发泄到我脆弱的脊背上：他禁止谈论此书，禁止透露报告会的消息，甚至不准报道它们，用坐牢和派警察查抄此书来威胁我……你们看，整个一套完整的计划。
>
> 作为稍有点经验的水手，我伺机而动，等待风暴平息下来。前任部长的愚蠢行为将我置于破产的边缘并几乎失去信心，我当时不愿意告诉你们，直至水到渠成。这就是目前发生的情况。新任部长给我打了电话，对我大大地赞扬了一番这本书，说它有毕加索和塞拉之风骨，并明确地对我说，这本书不仅可以完全自由地流通，而且他还对于此书在西班牙印刷出版而感到骄傲。

这样，从弗拉加·伊里瓦内上台的这一天起，就意味着执行了多年的"书刊出版前必须预先送交有关部门审批"制度的消失和新的新闻出版法的颁布。而对于塞拉来说，这是朝向正常的状态迈出的关键一步，他从此不再被西班牙执政当局视为所有留在西班牙的作家当中的头号危险人物了，一切都发生了变化。

2.《秘密词典》

塞拉是一个富于狂想、具有无政府主义倾向、放荡不羁的作家，他有着许多与众不同的性格和想法。因此，自从1955年他的《黄头发的女人》出版后，他就在很长时间内没有出版过长篇小说。当然，这并不意味着他停下手中的笔，不再写作了，而只是想换另外的一种写作方法和生活方式。

塞拉一方面在西班牙各地旅行，写出了许多游记，如《首次安达卢西亚之旅》、《我在加斯蒂利亚的流浪生活》、《帕尔马，鲜活的世界》，以及《哈恩、塞维利亚、韦尔瓦及其地区流浪记》等；另外他写了许多短篇小说，出版了几个故事集，如《老朋友们》、《裁缝的抽屉》、《饿汉的滑梯》、《闲人的圈子》、《十一个关于足球的故事》和剧本《玛丽亚·萨比娜》以及自传《玫瑰》等。

另一方面，塞拉在那段时间除了办杂志、写短篇小说和游记作品之外，在众多的其他事务中，还曾尝试着当过企业家。

塞拉一向认为世上没有办不到的事，只要坚定地努力下去，想干的事就能干成。所以，当他听到帕尔马市有一个"西班牙人民"的企业陷入经济困境后，有了一个大胆的想法——帮助它"起死回生"。于是，他毛遂自荐地报名想管理这个企业，希望能把这个企业扭转过来。

虽然塞拉从来没有过管理企业的经验，但是鉴于塞拉巨大的名气和声望，再加上"西班牙人民"这个企业的主要业务是展览和旅游，所以最后塞拉还是如愿以偿地当上了这个企业的负责人。他和他的朋友华金·索莱尔·塞拉诺组织了一个班子，负责扭转局面。虽然塞拉在工作中也的确表现出企业管理方面的一些敏锐的判断力。比如他为了把"西班牙人民"搞得活跃一点，请来一些手工艺人住在里面并在那里制作手工艺品以吸引游客，但是，很快他就发现，当企业家并不像他想得那么潇洒和简单。于是没多久，在一大堆意想不到的困难和麻烦事面前，他做出了放弃的决定。

从那个企业逃离以后，塞拉闲了一段时间，但最后还是心有不甘，于是，他又在部分亲朋好友的鼎力协助下，由他牵头筹集了足够的资金，创立了一家出版社，并取名为"阿尔法瓜拉"。出版社成立后，塞拉亲自担任社里的总编辑，他的两位亲戚分别担任总经理和文字编辑，再加上其他几位得力干将，组成一个强有力的工作班底，出版社便开始运作了。

由于塞拉多年来为出版自己的作品无数次地同各出版社打交道，对于图书出版业的运作和窍门早已了如指掌，所以他在这个领域里运作起来轻车熟路、如鱼得水，从而把"阿尔法瓜拉"出版社发展成一个非常重要的出版社，并且设立了一项文学奖，扶植了一批著名的作家。

"阿尔法瓜拉"出版社成立以后，采取许多方法进行出版和运作，其中也包括在广播电台做广告这样的现代化的营销手段。不过，对这个出版社来说，最重要的秘密还是塞拉自己。

塞拉作为该社的专职作者，在几年当中的所有作品都只在该出版社出版，由于他的名气和巨大影响力，所以他每创作一部作品出版，都会为出版社带来很好的效益。在这当中，他所创作的《秘密词典》这套书所获得的销售数量竟达到了惊人的程度，引起了很大的反响。

塞拉从小就对语言有一种独特的爱好。虽然小时候与小朋友玩耍时就发明的"巴拉布尔语"无果而终，但是成年后，他对语言的兴趣仍然有增无减。长期以来，他一边勤奋地进行文学创作，一边不断地收集民间语言，积累词典编纂方面的资料。后来，这些长年累月、一点一滴积累起来的语言素材，在其编纂《秘密词典》的时候发挥了很大的作用。

说起塞拉编写《秘密词典》的原因，一方面是为了出版社的经济利益考虑，另一方面也主要因为他是一个大众语言的热情捍卫者。他希望通过这部词典以一种严肃认真的态度收集和研究那些被排除在任何一本词典之外的所有的粗俗词语——在塞拉看来，虽然从社会的角度看，这些词汇受到指责是可以理解的，但是从语言学的角度看，它们同样应当被列为研究对象。

1968年，塞拉所编写的《秘密词典》的第一卷出版了，全书共350页，收集了西班牙和拉丁美洲各地的西班牙语中不便出口的词语，如粗话、脏话、俚语等。第二卷于1971年出版，由于在编纂第一卷的过程中积累了经验，资料收集得更为全面与广泛，因此第二卷的词条更多，几乎是前一卷的两倍，达到680页。

编写《秘密词典》这样的书可以说是一项繁杂而艰难的工作。塞拉与他的助手们翻遍了西班牙文学史上所有名人的作品，从里面来寻找粗言秽语及其隐喻和婉词；接着由塞拉自己把所有收集到的词汇或句子进行过目、检查和修改，以至确定最后的形式；然后再把每个词都做成卡片。

塞拉在这部书完成之后，一直把在编纂过程中所制作的卡片装在卡片箱和档案袋中，小心翼翼地保存在自己家里。在所有保存的这些卡片中，大多数都已经收进《秘密词典》发表了，另外还有许多卡片，原计划是收录继续编写的卷目中出版的，但是最后由于种种原因未能入选进去。

虽然《秘密词典》所收录的词语由于语言精练、语言理论艰深以及有许多的缩略语，是一部比较难懂的著作，但是因为在编纂过程中列举了大量的引用语和例句，能帮助读者更好地理解其含义，所以这部书一出版就受到了读者的热烈欢迎，成了"阿尔法瓜拉"出版社出版的所有书籍中销售量最大的一部书。

当然，由于这部词典中所收录的都是粗俗不好的词语，所以在出版过程中也遇到了来自书刊检查方面的困难，不过由于其中收入很多塞万提斯、洛佩·德维加、埃斯普隆塞达、萨马涅戈、克维多等大名鼎鼎的古典和现代作家的诙谐、淫荡及一些厚颜无耻的诗句，从而形成了一副名人的"挡箭牌"，让许许多多不容易通过检查的词汇顺利地通过了。通过这部词典，读者可以看到悠久的文学传统中一直存在着的这些表达方式——它们是逐渐被时代的虚伪抛进了阴暗的角落。

塞拉原本就因为放荡不羁，有着与众不同的特点而给其他人以一种口无遮拦、讲话过程中时常使用粗言秽语的印象，所以在这部书出版后，塞拉爱说脏话的名声就更响了。《秘密词典》和塞拉本人当然也仍旧受到一部分人的指责。其实，有些谴责他的人根本就没有看过或很好地研究过这部词典，对此，塞拉在受到指责后曾对采访他的记者说道：

所有的词汇，纯粹的音素符号或音素符号的组合对其所代表的意义没有任何的责任，如果您愿意，在应该给予尊重的女士们或老年人面前，您完全可以提醒自己不去表达某些词意，譬如"屁股"，这个词没有任何的含义，如果你把它叫做"屁屁"，就可笑了。傻瓜才这么叫……

在第一卷的序言里，那里一切都说得很明白，有时候，人们对我说："您说的这些话多粗俗啊！"我说："对不起，在《秘密词典》中，我只不过负责把所有别人的粗话排列一下顺序而已。现在，如果您不知道塔拉维拉的大祭司或者堂·佛朗希斯科·克维多，或者迭戈·德托雷斯都曾讲过粗话，那么，这不过是您没有文化的一种表现罢了。"当然，我讲过粗话，因为人们就这么讲话，事实上，人们讲的西班牙语没那么咬文嚼字，也没那么一本正经。在第一次托莱多教士会议上，托莱多大主教圣·埃利潘多把圣·贝亚托·德列瓦纳叫做狂徒和假正经，但原因是圣·贝亚托·德列瓦纳此前把圣·埃利潘多叫做"反基督的混蛋"。您看！我再向您重复一遍，是在第一次托莱多教士会议上，在讨论神学问题的过程中发生的事。这个材料就在堂·克劳迪奥·桑切斯·阿尔沃诺斯的著作里，这不是我杜撰出来的。

其实也正如塞拉自己所说的，他研究的正是类似从贝亚托·德列瓦纳神父口中说出的那些有伤大雅的言辞，而《秘密词典》就是他这一研究最后的、具体的成果。

正如马德里自治大学的西班牙文学教授多明戈·因杜拉因在谈到这部词典时所说的那样："塞拉的《秘密词典》既不是一部脏话词典，也不是一部色情书籍，更不是下流作品。这是一部语言学著作，是一部凝结着辛勤和努力的著作，并在从语言学角度描述某些特定词汇的演变过程方面取得了一些成果：描述了这些词汇的拉丁语或其他语言的根源、它们的演变或它们的变种，以及在文学史上被引用的情况，等等。所以说，这绝对是一项严肃的工作，是一项学术工程。"

3.《圣·卡米洛，1936年》

塞拉所编著的《秘密词典》出版后获得了巨大的成功，

其所获得的销售数达到惊人的程度。但是,在此次成功的背后也隐藏着不小的隐忧,因为塞拉所创办的"阿尔法瓜拉"出版社只为塞拉这个唯一的作者服务,这样不管作为出版社的这个"秘密武器"能取得多少成功也是不够的,而且,由于塞拉本人一贯反对出版"畅销书",而他们当时出版的一套质量和品位较高的丛书《安全港》的销售数又一直上不去,无法取得突破,所以没多长时间后"阿尔法瓜拉"出版社在资金和经营方面的问题日渐尖锐。

作为出版社的创办人,塞拉对"阿尔法瓜拉"出版社有着深厚的感情,他不希望自己辛苦创办的出版社出现关门倒闭的结局,于是,为了扭转这个不利的局面,塞拉终于下决心写作那本他多次许诺过,也是众人期待看到的长篇小说了。

塞拉在那段时间最先创作的小说是《圣·卡米洛,1936年》。为了尽快地把这部小说创作好,塞拉一头扎进伯纳诺瓦街家中他那间宽大的办公室,埋头在小说所描写的那个时代的有关报纸杂志目录告示和广告中间,开始了夜以继日的写作。

塞拉创作的这部《圣·卡米洛,1936年》是一部以西班牙内战为题材的小说,也是他所创作的这类小说中较重要的一部。这部小说的名字"圣·卡米洛,1936年"是一个宗教祭日,按照西班牙人的风俗习惯,人们把命名日看得比自己的生日更为重要。命名日是每个天主教徒的节庆日。例如:6月24日是圣·胡安的祭日,那么全西班牙所有以胡安(男)或胡安娜(女)为名的人都在这一天庆贺他们的命名日。

这部小说名字中的圣·卡米洛是位圣徒，他的全名是圣·卡米洛·德莱利斯。他于1584年主持创立了"施善修道院"，为救助病患者做出了杰出的贡献，死后被封为圣徒。1936年7月18日正是这位圣徒的祭日，也是卡米洛·何塞·塞拉的命名日，而这一天恰恰是西班牙内战爆发的日子，是佛朗哥军队正式发动叛乱的日子。

塞拉在创作这部小说时，几乎每天除吃午饭和晚饭之外从不走出办公室，有时候甚至连吃饭时间也不出来。他的全副身心早已回到了西班牙内战前夕的马德里，他在重温那些可怕的日子，从历史的角度和感情的角度回顾着那些令人难忘的日日夜夜。在那个时候，他是绝对不允许别人来打扰他的。

当然，也有稍许的例外。比如：有一些在他开始写小说之前就许下的承诺必须履行（如出版社方面的事），迫使他不得不暂时放下手中的笔，到某地去出差。不过，即使在此时，他也会抓住每一个闲暇的时间在脑子里去想他的小说。有时塞拉半夜突然醒来后，也会抓起手边的任何纸和笔，在上面记下当时闪现在脑海里的某个句子、某种念头，或是一两个单词，以便回去之后把它们写进正在创作的小说里。

塞拉是一位非常注重语言形式的作家，他每写一部小说都要字斟句酌，反复修改每一句话，仿佛是在创作一首长诗，经常是伏案冥思苦想，一天下来，仅仅写出一页满意的东西。尤其是在塞拉创作《圣·卡米洛，1936年》这部小说的初期，进展非常缓慢，因为这本被外界寄予厚望、许多人期待很久的小说也给他心理上造成了一定的压力，从而花费了他大量的精力。后来，在过了很长的一段时间后，塞拉才突破了心理上的藩篱，《圣·卡米洛，1936年》一书的写作进度才恢复到以往创作其他小说时的那种节奏。不过，虽然这部小说并没有出现像创作《蜂房》时那样的写好了又推翻、连续写了几种版本的情形，但是塞拉创作这部小说必须克服他前一阶段创作短篇风俗小说时所使用的那种他驾轻就熟的形式。

在前一段时期，塞拉主要致力于创作短篇故事和其他体裁的文学作品，因此中断了在小说体裁方面进行探求；与此同时，一些先锋派的作家，如西班牙的路易斯·马丁·桑托斯和戈伊蒂索洛，拉丁美洲的马里奥·巴尔加斯·略萨和胡利奥·科塔萨尔等人所取得的成就也在另一方面刺激了塞拉。所以，他要向世人证明，他也能够根据不同题材和时间的需要，对小说从语言、结构等方面进行新的变革。

塞拉在创作《圣·卡米洛，1936年》这部小说时，有两方面取得了突破：

首先，《圣·卡米洛，1936年》的写作风格有了新的突破。这部小说从头到尾充斥着各种类型的暴力。翻开这部小说，一开始展现在读者眼前的就是谋杀、暴死、性放纵、不堪入耳的语言、令人作呕的气味和对即将到来的激烈搏杀产生的难以忍受的预感。其中，小说中占主导地位的暴力行为有身体暴力和性暴力，而伴随着这两种暴力行为，语言的暴力和心理的暴力行为也不可避免地伴随其中。

另一方面，这部小说的叙事角度也有了新的变化。塞拉的第一部小说《帕斯夸尔·杜阿尔特一家》是以第一人称的视角来叙述的；《蜂房》则是以更为客观的第三人称方式讲述的。但是，在《圣·卡米洛，1936年》一书中，塞拉采用了一种崭新的角度来叙事，即叙述者以第一人称对自己讲话，以第二人称同另一个"我"讲话。这种形式，至少在《圣·卡米洛，1936年》前几章出现了，而且在全书的其余大部分地方也出现过。

从整体上来说，《圣·卡米洛，1936年》就像一部长长的"自言自语"，但它没有给予主人公一个他所期待的结果，因为直到小说结尾，他也没有找到结果。但是，就在主人公身旁，还有另外一个形影不离的叙述者，他以第三人称的方式讲述着在这场可怕的历史事件中挣扎的马德里人的生活。

除此之外，《圣·卡米洛，1936年》与塞拉的第一部小说《帕斯夸尔·杜阿尔特一家》一样，有一个单独的讲述者，以第一人称的方式回忆他的过去，审视自我，表达他本人或其他人对所发生的事件的看法以及自己的感情。但是，通过这个没有名字的人物，通过这个苦苦寻找自我的人物，我们发现他旁边还有一个集体人物存在，而且有的时候，这个集体人物的声音甚至盖过了前一个叙述者。在这部小说中，这个集体人物以几种不同的形式出现，或通过主要人物之口，或通过另一个很难辨别的叙述者，以第三人称口吻揭示出来。

此外，他还将自己以前作品中的一些特点融合在一起，在这部作品中加以综合体现。如：在叙事结构方面，沿用了传统的叙事结构。情节的发展集中在7月18日前后的几天时间里，几乎严格按照时间顺序安排情节。书中充斥着大量的与虚构人物和真实人物相关的历史资料，同时还描写了许多历史事件。

1969年，塞拉的这部长篇小说——《圣·卡米洛，1936年》一问世，就立即在西班牙的文学评论界引起了一系列的争论。大家褒贬不一，各执己见。有评论认为，这是一部"政治立场中立"的小说，并且书中没有"主要人物"；另一种相反的观点则认为，这是一部由"讲故事的主角君临一切"的小说，"这是一部关于内战的小说，但却没有政治内容，不站在交战双方任何一方的立场上"。

另外，由于在这部小说中有大量的关于妓院和性的内容，所以一个名叫费尔南多·乌里亚特的评论家借用塞拉前不久发表的一篇作品的名字——《饿汉的滑梯》，把塞拉的这部小说说成是"妓院的滑梯"。而另一位评论家保罗·伊利埃则从完全不同的角度看待此书，他评价这部小说是"色情政治"小说，因为这部小说真正的"色情"即在于塞拉既反共和又反民主的立场。

当然，之所以在当时的西班牙出现各种各样甚至完全对立的见解，是有好多原因的。一方面可能是作者本身矛盾的观点，也许是由于其主观色彩和作品具有的自传色彩引发了这些不同的反应；另一面，塞拉在写作他这部关于西班牙内战的小说时，是希望通过一个与众不同的新角度来反映那次重大的历史事件，而当时的西班牙好像还没有打算或没有能力来接受塞拉对这个历史事件的深思。

4. 再推力作

1973年，塞拉另一部著名的长篇作品《复活节早祷式》出版了。这部作品一经问世，便在西班牙语文学创作界和评论界引起了强大的冲击和反响。这本书在从1973年11月到1974年2月，仅短短的3个月的时间内就再版了4次，到1977年时已经再版了10次，创下了一个让人惊叹的纪录。

《复活节早祷式》被评论界比喻为一部散文诗式的作品，一部实验小说。塞拉在创作这部小说前，先让木匠为他制作了一副三个扇页的硕大的屏风，完全用黑纸糊面。写作时，他用这屏风将自己围在里面，营造一种与世隔绝的孤独的环境，以便能在这样一个"阴暗"的环境里，潜入自身意识的深层，把心灵深处的所思所想都叙述出来，就如同一个虔诚的信徒在面对上帝祈祷时那样，没有一丝一毫的隐藏，全都赤裸裸地袒露出来。也正因为如此，他才取了这样的一个小说名字。

《复活节早祷式》是一部类似启示录般的作品，全书从头至尾没有大写文字，没有任何标点符号。全书的内容是由一个个的"单元"（或者叫"节"）组成的，总计1194个。其中最短的仅一句话，最长的有两三页长，文字如同祈祷式上唱诵的经文一样。

由于这部作品没有像他的其他作品一样是对西班牙现实生活的描写和叙述,通篇只是内心深处的思想斗争,和不问其前因后果的面对死亡景象的意识闪现,因此整部作品没有一个主要的故事骨架,也没有主要人物与其他人物之间的矛盾冲突,甚至连时间和空间的框架都没有,只有一系列的混乱事件和视觉形象围绕着"死神"这个焦点展开。

1990年3月,西班牙著名的文学杂志《岛》发表了西班牙当代作家埃杜阿尔多·阿隆索所写的一篇题为《心灵和死亡的寓言——复活节早祷式》的文章。在这篇文章中,埃杜阿尔多·阿隆索对塞拉的这部小说进行了解读、分析和评论:

> 叙述者"你"作为"我"的延伸,曾成为1962年至1975年之间的西班牙小说中最典型的角色。对话体的或引用式的诅咒是分裂的和混乱的本体的一种表象,这一技巧在马查多使用过后的60年运用在了小说中,以便更好地加以开发,而不仅仅是出于感情的冲动。"你"作为呼语,成为"我"的取代者,这种角度成为表达一种混乱思想、不正经的现实或难以面对的形势时必不可少的手段。
>
> ……
>
> 为此,我感觉到两种矛盾的感情的搏动:
>
> 一方面,是针对死神的反叛——死亡是放弃(728单元)——进一步说是傲慢地拒绝一切;几乎前边400个单元的四分之一普遍有拒绝或反叛的声音,在这些单

元中,"我"在诅咒的同时,断言说:"你不要忍受,不,不,你拒绝,永远拒绝(537、323)。"

另一方面,是"我"对他周围事物的无动于衷(2、250、508、624、702、706等单元),孤单地迷失在有限的信念中,这使他温顺地接受了死神那无情的打击(1、26、35、37、46、110、219、322、416等单元)。这种克维多式的风格——"我是一个现在的他和一个过去的他和一个疲倦的将来的他"——在此跳动在黑暗、丑陋、人类行为的集合体中,跳动在拒绝任何温情的表示中,跳动在完全没有纯真和幼稚的虚无中。黑暗的视觉,只有存在于失败的孤独之中的可能——"人类只有在阴暗中才能看得清楚(771单元)",这是知识的源泉。

……

《复活节早祷式》这部凝聚着塞拉大量心血、启示录般的作品,虽然对西班牙文坛的创作走向所产生的影响远远不及《帕斯夸尔·杜阿尔特一家》和《蜂房》,但它在西班牙文坛上产生的反响是很大的。在谈到这部小说时,评论家认为:"塞拉于1973年发表《复活节早祷式》,一部被认为是实验性的和诗歌式散文总汇般的著作,充满含糊不清和难以确定的紧张感,其焦点集中在对世界、对生命和对性的非常个人化的观察。总之是一部塞拉本人定性为'我的写作才能的死亡证明书'的作品。"

《复活节早祷式》创作完成后,塞拉在一段时间里停止了长篇小说的创作。他又开始写作游记作品和短篇小说,并创作了部分文字清新、充满童趣的儿童作品。

直到1983年，为了能用手中的笔来艺术地再现曾经养育了他的土地和勤劳朴实的人民，他创作了长篇小说《为两个死者演奏的玛祖卡舞曲》。

塞拉所创作的这部《为两个死者演奏的玛祖卡舞曲》是又一部涉及西班牙内战的小说，它以加利西亚某个偏远山区为舞台，描写了西班牙内战时期，封闭、落后的山民们的生活。小说中，古辛德家族的成员之一阿福托被外乡歹徒法比安杀害，盲人手风琴师高登西奥怀着沉痛的心情为死者奏起了玛祖卡舞曲。古辛德人决定讨还血债，为死去的阿福托报仇。最后，阿福托的兄弟丹尼斯放狼狗将法比安活活咬死。盲人手风琴师听到这个消息后，再次奏起了玛祖卡舞曲。

《为两个死者演奏的玛祖卡舞曲》是塞拉继《圣·卡米洛，1936年》后，又一部有关西班牙内战的小说。它通过不同人物之口，表达了他对西班牙内战的思考和对战争的看法。虽然这部小说没有浓重的道德劝诫的味道，但是它的故事情节结合得更为自然，而且并未构成小说的中心支点。

《为两个死者演奏的玛祖卡舞曲》是塞拉在小说创作上的又一部力作，出版之后，立刻受到文学评论界的赞扬。

一方面，这部小说的成功之处在于其文字的完美、生动、语言的韵律和出色的表现力，可以说是这部小说最"主要的支柱"。

另一方面，塞拉在这部小说叙事结构上的安排也有其独到之处。西班牙当代作家及文学批评家何塞·路易斯·希门尼

斯·伏隆丁认为:

> 《为两个死者演奏的玛祖卡舞曲》的叙事材料提供了三个阅读层面,它们分别属于小说中所包含的三个中心主题:位于奥伦塞、卢戈和蓬特维德拉三省交叉点上的加利西亚乡村的一幅镶嵌画或全景画,一派带有抒情意味的景象,但是,也包含着传说、风俗、民间语汇和社会学的画像,画出了一长串人物,他们的生活跨越了共和国时期、内战时期和战后时期;一个谋杀和后来"处决"谋杀者的故事,这种处决是基于农村的习惯法,通过被害者所属家庭的成员的手执行的;内战爆发的悲剧情景,这悲剧是通过三位男性主要人物的思考来表现的,他们的生活在1936年7月之后已不再是原来的样子。

在这部小说中,何塞·路易斯·希门尼斯·伏隆丁所说的这三个叙事中心并不是随意排列在一起的,而是在故事情节中互相紧密相连的。塞拉用高超而纯熟的写作手法把三个中心主题交织在一起,显得巧妙而紧凑。

另外,虽然单从这部小说的故事情节来看,叙述的只是一个政治性的谋杀以及后来对杀人犯的处决,但从古辛德人同法比安·明格拉之间的对抗,这个故事所反映出来的是一部分捍卫自己传统文化的人与象征着大城市和新时代的外来者之间的冲突。

正因为《为两个死者演奏的玛祖卡舞曲》在语言、结构和现实意义中有着其独到之处,所以这部小说在发表的第二年就获得了"西班牙国家文学奖",这是塞拉首次获得一项官方的文学奖。

5. 登上文学的最高殿堂

　　1989年10月19日对塞拉来说是个值得铭记的日子：在这一天，设在斯德哥尔摩的瑞典皇家学院决定将该年度诺贝尔文学奖授予这位来自西班牙的作家。其实，最早从1976年开始，塞拉的名字就受到了瑞典皇家学院的关注，因为在那一年，法国巴黎大学首次推荐卡米洛·何塞·塞拉为诺贝尔文学奖候选人。此后，塞拉的名字也一直出现在最有可能获奖的候选人名单之中。但是，在1989年，塞拉能够从另外几位杰出的西班牙语作家（如卡洛斯·富恩特斯、奥克塔维奥·帕斯等）的包围中脱颖而出，还是引起了很大的轰动。

　　塞拉获得诺贝尔文学奖的消息不胫而走，迅速地传遍欧洲，传遍全球，传遍了西班牙王国的每一个角落。当塞拉听到这个消息时，也是既感意外又惊喜万分。不过，他并没有中止事先安排好的日常活动，仍旧出席了当天的电视座谈会，然后，他又赶赴西班牙皇家学院参加了一次例会。

　　在这一天，塞拉成了所有媒体追逐的焦点，无论他走到哪里，都有成群的记者紧追不舍，向他提问各种五花八门、千奇百怪的问题。当记者问他在得知获奖的这一刻有何感想时，塞拉回答说："这简直太美妙了。但愿这是真的！这对我来说太美妙了。当然，如果是真的，我将十分高兴。""对我来说，这是我文学生涯的顶峰，我辛勤工作了许多年，而我也知道，许多用西班牙语写作的西班牙或拉丁美洲的作家，都和我一样有资格获得这项奖。"

塞拉从1942年发表第一部小说《帕斯夸尔·杜阿尔特一家》引起极大轰动开始，到1989年获得诺贝尔文学奖，走过了漫长而艰辛的路途，冒着随时都会"滑倒"从而跌下"深渊"的危险，在坎坷的文学之路上攀登。他付出了超凡的努力，时时要忍受难以忍受的孤独，用汗水和心血谱写着一部又一部丰富多彩的作品。有耕耘就会有收获，有付出就会有报偿。如今，他的努力得到了应有的回报！在这一刻，他成了西班牙"文学的骄傲"，抑或说是西班牙语"文学的骄傲"；那一刻，意味着他进入了世界文坛巨匠们的行列而受到全世界的敬仰！

在瑞典皇家学院院士克努特·安伦德给予塞拉的授奖辞中，一开始就给予塞拉很高的评价。他说：

> 卡米洛·何塞·塞拉写了将近上百本书，可以构成一个图书馆。在其中我们能找到最令人惊讶的截然不同的作品，轻松幽默的民间故事，同时还有几部属于欧洲文学中最晦涩和忧伤的作品。

接着克努特·安伦德简述了塞拉在文学道路上的艰难起步过程：

> 内战前夕的塞拉，曾是马德里的一位年轻诗人，他是少数几个作为战士和抵抗者，卷入到激烈冲突中的人

之一。经过一段战壕中的时光,在他负伤并住院之后,他回到家乡并且战争也已结束,而西班牙已开始了其在新制度下的漫长时期。此时他发表了最初的几部叙事作品,政府最高当局希望书籍有教育意义,最好能麻痹人心。《帕斯夸尔·杜阿尔特一家》是一个杀人犯在被处决前讲述其一生经历的故事。小说是于1942年在布尔戈斯一处车库里秘密印刷的,在当局查抄之前,小说就售光了。渐渐地,检查制度容忍了它。事实上,这本书成了继《堂·吉诃德》之后,西班牙最广为阅读的小说。这个杀母者的故事可以作为一则寓言来读,作为其家乡可怕的分裂和不幸的一则传说,由此开辟了多种流派。塞拉的作品在丰富和多样化的形式中成长。

接着,克努特·安伦德又着重分析和介绍了塞拉的代表作《蜂房》和其他重要作品,如《圣·卡米洛,1936年》、《复活节早祷仪式5》及《为两个死者演奏的玛祖卡舞曲》的艺术特点、写作过程和重要意义。其中,在谈到《蜂房》这部小说时,这位院士说:

> 《蜂房》通过300多个书中人物,描述出佛朗哥时期最初几年中马德里的悲惨生活。这本书代表着塞拉对有权力压制言论的人的最大胆的挑战。它被翻译成许多种文字,但在西班牙却一度买不到。尽管如此,阿根廷出的一个版本在西班牙国内打开了道路,一步一步流传开来。

在最后,克努特·安伦德院士对塞拉进行了总体的概括

和评价,他说:

> 塞拉是当今时代革新了语言并使其更具有活力的为数不多的作家之一。他当之无愧地跻身于西班牙语的创造者们——塞万提斯、贡戈拉、克维多、巴列·因克兰以及加西亚、洛尔卡等人的行列……

的确,塞拉在西班牙文坛占有很重要的地位是不容置疑的,他是西班牙在20世纪拥有最多读者的作家,也是最受欢迎的小说家之一。这次诺贝尔文学奖的获得,是从世界的角度对塞拉在西班牙语言和文学发展上做出的贡献的一种肯定。

1996年4月23日,对于卡米洛·何塞·塞拉来说,又是一个值得铭记的日子:这一天,在经过了一段长时间的等待之后,他终于获得了"塞万提斯文学奖",这是他期待已久的时刻,因为塞万提斯文学奖是西班牙语文学界的最高奖赏,能够获得这项殊荣的,都是各个时代用西班牙语进行文学创作的最杰出的作家和诗人。

作为当代西班牙文坛最具影响力的叙事文学作家,塞拉已经获得了包括诺贝尔文学奖在内的众多文坛最高奖项,但是让人比较遗憾和不解的是,在很长的一段时间里,他一直没能进入"塞万提斯文学奖"获奖作家的行列。

尤其是在1989年,塞拉在获得了诺贝尔文学奖后,在其身上出现了一种不符合逻辑的情形:一位用西班牙语进行文学创作的优秀作家,没能获得西班牙语文学界的最高荣誉,却先得到了全世界的承认。这对西班牙文坛和塞万提斯文学奖评奖委员会都是一个莫大的讽刺,也使他们陷入了一种尴尬的境地。终于,在多方的呼吁下,在塞拉获得诺贝尔文学奖过去整整六年后,这种违背逻辑的状态终于被打破,塞拉成为"第二十届塞万提斯文学奖"得主。

在"第二十届塞万提斯文学奖"的颁奖仪式上,西班牙王国胡安·卡洛斯一世在颁奖仪式上发表了热情洋溢的致辞。他对塞拉的文学创作给予了高度的评价:

> 作为坚持不懈的研究者,西班牙游记文学的革新者和伊比利亚美洲现实的忠实观察者,塞拉通过他在传播媒介上发表的故事、小说和文章,在西班牙的四面八方播撒着智慧的种子。
>
> 与此同时,在他的著作中,搏动着我们新时期文学的最深刻和精华的部分……
>
> ……这位人类本性的探察者,西班牙各族人民和这块土地的探察者,我们的语言的杰出捍卫者,也就是卡米洛·何塞·塞拉这位艺术家,他的心灵就是一口永远喷涌的泉,惠及我们所有的人。
>
> 惠及所有的人,也许仅作者本人除外,他那非凡的活力勾画出一道极其人性化的轨迹,用一种不知疲倦的才能使我们惊讶,令我们愉悦,我们都十分了解我们大家多么幸运地结识了他并从他身上得到教益,这种教益貌似无形,却时时在激励我们和教导我们。

Chapter 6

第六章　缪斯之外

1. 父子情深

1946年1月的一天,一场大雪把马德里装扮成一个银色的世界。就是在这天的黎明时分,塞拉快要生产的妻子罗莎里奥被送进了阿尔奎列斯区金塔纳街上的一间诊所。不过由于来得匆忙,罗莎里奥来诊所时只穿了件宽大的无袖长衬衫,而且头发蓬乱。这让接待他们的女助产士感到很愉悦,认为这是罗莎里奥不检点的表现,于是便恶声恶气地责备起来。脾气暴躁的塞拉顿时火冒三丈,没有考虑后果,就把那位女助产士赶出了房间。

这下,值班医生不干了,因为作为一个患者竟把自己的助手赶出去,是对一个医生的侮辱和不尊重,于是无论再怎么请也不过来接生。危急时刻,还是塞拉的医生朋友路易斯·佩雷斯·德尔里奥出面,才帮罗莎里奥顺利地把孩子生了下来。据医生后来说,如果再稍微晚一会儿,孩子的性命就没有了,因为孩子在出生时已被脐带缠住了脖子。

塞拉当上爸爸后,非常兴奋,为了让儿子长大后也能子承父业,于是也给儿子起了一个和自己一样的名字——卡米洛·何塞·塞拉。

当时,西班牙刚刚结束内战,到处充斥着贫困现象,物资匮乏,百业凋零。虽然当时的塞拉在文坛上初露头脚,但毕竟也是刚刚起步，再加上整个国内的情况都不太好，所以塞拉夫妇的生活也很艰难。不过，他们为了能让儿子健康地成长，也像其他的年轻父母一样，一方面省吃俭用，千方百计为孩子弄点营养品和好吃的东西；另一方面也怀着望子成龙的期望，开始注重对儿子的智力开发。

很快，小卡米洛·何塞·塞拉就到了该上学的年龄。塞拉把他送到了一个当时以教育质量好而著称的拉米罗·马埃祖学校。不过，小卡米洛上学后并没有表现出很高的天赋，而且上学没多久就给塞拉添了一个麻烦：原来，这所学校开设的课程中有体操课，上体操课时，全体学生站成一排排整齐的队列，按照教师的口令做体操。可是，不知什么原因，在别人都做时，小卡米洛·何塞总站在原地一动也不动。这让老师非常气愤，特意把他叫到跟前给他讲解，并问他听懂了没有。小卡米洛说听懂了。于是，老师重新回原位发出命令，而小卡米洛仍旧站在原地一动不动。

所以，小卡米洛在学校待了没多长时间，学校便把他开除了。校长把塞拉叫到学校，把小卡米洛在做操时的表现告诉了塞拉，并明确地对他说，孩子有聪明和愚笨之分，而他们这所学校是为智力正常的儿童所开设的。

回到家后，塞拉也开始为儿子感到有点儿担心了，因为没上学时，塞拉就感觉儿子有点儿沉默，是不是智力有问题，于是一连几天，他反复地询问儿子几乎同样的问题：

"这么说，你没听见老师发出的命令？"

"听见了，我听见他的命令了。"

Chapter 6　第六章　缪斯之外

"那你明白你应该怎么做吗?"

"那当然啦。非常容易。向左一步走!你就向左跨一步。向后转!你就转过身去……"

"那么好,儿子,你做个向后转我看看。"

小卡米洛·何塞站直身子,两手贴着裤缝儿,用不太熟练但颇有军人气派的动作飞快地做了个向后转的动作。这让塞拉一下子糊涂了:

"这我就不明白了!既然你知道该怎么做,为什么你不做一个向右转,或向左转,或随便往哪边转一转给老师看呢?"

"问题是我不好意思做……"

看着小卡米洛·何塞那怯生生的样子,塞拉又心痛又怜爱又无可奈何。束手无策的塞拉在长时间地与妻子和他的姑姑卡米拉商量孩子的教育问题后,下决心带小卡米洛·何塞去注册上一所昂贵的学校——国立选拔学校。

国立选拔学校在当时追求的目标是办成一所最现代化的学校,该校除了与其他学校相同的基础课程外,还开设四门外语,即英语、法语、德语和拉丁语。因此,入学考试项目中还包括对学生进行心理测试以确定孩子的智商水平。

考试那天,塞拉心情紧张地牵着小卡米洛·何塞的手走进学校的大门,不知道儿子会考个什么结果。没有料到的是,小卡米洛·何塞好像对这些繁琐的玩意儿感到有点不耐烦了,不假思索地回答那些问题,没多长时间就做完了所有的试题。

测试结果很快就出来了。这次的测试成绩显示小卡米洛·何塞的智商很高，这让塞拉非常地出乎意料，进而兴奋异常，因为以前他儿子在学校表现不佳、学习成绩不理想的事左邻右舍早都知道得一清二楚，塞拉也不止一次同他们谈论此事。这一回，当塞拉的朋友和邻居们向他询问孩子的考试结果时，塞拉的得意之情溢于言表，感觉终于可以理直气壮一次了。

　　不管怎样，儿子被国立选拔学校录取了，而且那种德国式的教育、严格的纪律、高质量的教学，以及孩子在学校吃住，都使塞拉夫妇松了一口气。不过，小卡米洛也只在这所学校的上了一个学期，因为当夏天学校放暑假后，塞拉夫妇把小卡米洛·何塞从马德里接到自己为了更好地创作而已经定居的帕尔马来。

　　为了能在这里找一所比较理想的学校，塞拉对帕尔马市的学校作了一番调查。当时的帕尔马仍然比较落后，社会风气十分保守，旧的贵族势力尚存，而且影响力较大，抱残守缺之风压倒文明开化之气。塞拉作为一个反传统和不信教的作家，按理应该选择一所较现代的、有进步倾向的公立学校。但是，帕尔马市的那些公立学校管理很松散，对孩子来不来上课没有什么控制。塞拉担心儿子在这种学校里学会逃学，变成街头的野孩子。所以，经过一番权衡，塞拉夫妇决定把小卡米洛·何塞送到市里一所"圣芳济各会"的教会学校去上学。

　　来到这所学校后，小卡米洛·何塞·塞拉有时仍会惹麻烦，是个难对付的学生。但校方看在塞拉这位著名作家的面子上，一直网开一面，最终没有把他开除，使他上到1963年学期结束。后来，卡米洛·何塞·塞拉·孔德在成年后所著的《我的父亲，塞拉》一书中回忆了在这所学校的时光。他写道：

  在圣芳济各会的学校里，我学会了怀疑数学原理，学会了讲怪腔怪调的法语，学会了欺骗忏悔神父，学会了迷恋教授给我们的生物学奇迹，学会了踢（很差劲的）足球以及其他一些那个时代的少年所具备的知识。我没学习马略卡的方言，因为在那些年间，在中产阶级中，除了西班牙语，讲任何其他方言都会被人瞧不起，所以在学校不允许我们学它。我在人文学科方面也没多大进步。艺术老师的名字我一时记不得了，他在战争中致残，总是板着个脸，对艺术感觉有一种十分独特的想法。比如：他一直对我们说毕加索的画是一种嘲弄，因为他的小女儿比毕加索画得好多了。有时候谈到文化的整体，他断言说："人不可能是从猴子演化来的，因为，你们说，谁愿意你们的祖父是只猴子？"

当时塞拉对小卡米洛在教会学校中接受这样的教育感到非常气愤，因为让塞拉不能容忍的是，学校的老师不仅攻击人类进化论，而且还对自己非常尊敬的毕加索进行攻击，所以塞拉当时很认真地要去学校同他们干一架。但是，罗莎里奥劝阻了他。她说，如果小卡米洛·何塞因此而被校方赶出来，就只能待在家中与他做伴了。这番话一下子说到了塞拉的软肋，没办法，他只能把一腔怒火给压下去了。

当时教小卡米洛·何塞语言和文学的老师是个思想极先进、为所有先锋文学进行鼓吹的年轻人，他喜欢当代的有独创性的新作家，塞拉就是他崇拜的作家之一。所以，当小卡米洛·何塞成为他班上的学生后，他感到很荣幸，便经常让小卡米洛带一些句法和句型回家征求塞拉的看法，然后才在课堂上讲解。

老师的这种做法给小卡米洛·何塞造成很大的麻烦，因为塞拉虽是作家，但是对语法理论却一窍不通，写作时全凭自己的直觉和后天的勤奋才得以将其优美地组合在一起。所以，每当小卡米洛拿着老师的分析例句找他请教时，他总是找个借口推脱掉，小卡米洛后来去找母亲帮忙，母亲对语法也是半懂不懂。

没办法，为了完成老师所交代的任务，不扫老师的兴，小卡米洛便经常打着父亲的旗号，连猜带蒙地对那些例句解释一番，讲给那位老师听。那位老师虽然有时略有疑问，但由于那解释方法出自"著名作家塞拉"之口，自然有其道理，所以也从来不追根究底。所幸塞拉从未与那位老师谋面，否则小卡米洛的把戏就会"露馅"了。

最后，小卡米洛·何塞毕业时，通过了各门课程的考试，并以优异成绩获得免费升入中学的资格。这让塞拉十分惊讶，同时大喜过望。为了好好庆祝一番，他请来一位真正的烟火技师，花费了一千比塞塔，安排了一场不亚于攻打巴士底狱场面的烟火晚会。

小卡米洛·何塞·塞拉在帕尔马市上了中学后，变成了一个学校最用功的学生，获得过学校里各种奖励和免费注册的待遇。1962年秋，16岁的卡米洛·何塞·塞拉·孔德前往马德里学习大学预科。塞拉在儿子选择专业方面给予充分的自由，除了不当神父或者军人，其他专业由儿子自己选择决定。当时小卡米洛选择了与作家职业差距最大的建筑工程专业。就这样，卡米洛·何塞·塞拉·孔德到马德里上大学去了。

小卡米洛走后不久，塞拉就把儿子的卧室变成了他的又一间办公室。每个假期儿子都回家来度假，总是埋头钻在父亲的图书馆里贪婪地读书。几个学期过后，卡米洛·何塞·塞拉·孔德放弃了工程学专业，转而到哲学和文学系注册，改学了语言文学专业。这当然和塞拉平日潜移默化的影响有很大的关系。最终，卡米洛·何塞·塞拉的儿子卡米洛·何塞·塞拉·孔德也走上了文学的道路，成了作家。

2. 朋友之谊

作为一个知名的作家，塞拉在公众面前给外界的印象是一个个性极强的人。他放荡不羁、我行我素，而且言辞犀利，往往令人难以招架。为此，他常常得罪一些人，招致各种批评甚至敌意。

但是,在塞拉的性格中,还有其热情好客的一面。在生活中,塞拉有很多要好的朋友,家中常常高朋满座,而且经常有各种朋友在他家住上些日子。在这些人中,既有著名的作家、诗人、画家或知名学者,也有塞拉年轻时的朋友;既有成对夫妻住在他家,也有或失意或落魄或离异的单身朋友在他这里短暂寄居。

当然,塞拉的待客之道有其自己独特的特点:不管什么客人来到他家里,第一天见面后,总是互致问候,交换一下新闻,共同回忆一下过去值得回忆的事;第二天,相互寒暄的话说得多,谈到实质性的事少了;第三天,塞拉重新钻进他的办公室工作去了,贵客或一个人在花园散步,或到附近城里买买东西,或是待在房间里读书——社交礼节到此结束。这种时候,往往由塞拉的妻子或儿子出面带客人去浏览附近的湖光山色或著名的景点,或是到诱人的海滩上去打发时光。

在塞拉家住得最早的宾客叫拉法埃尔·佩雷斯·德尔加多,那时塞拉与罗莎里奥·孔德刚结婚不久,他们的家还在首都马德里的阿尔卡拉大街185号。拉法埃尔·佩雷斯·德尔加多是个瘦小枯干的人,他在西班牙内战期间是位著名的反法西斯知识分子,这在内战结束后给他带来了很大的麻烦——在那个时代,一旦被冠上"赤色分子"的名号,就意味着陷入了极其危险的境地。

拉法埃尔·佩雷斯·德尔加多是个博学、聪明的人,他靠替别人撰写文学、历史或哲学论文为生,他写的论文一般都

Chapter 6 第六章 缪斯之外

能顺利通过考核。为了避免被人看见从而遭告密者的暗算，佩雷斯·德尔加多夜晚在塞拉家睡觉，白天离开他家。这样，当每天夜里快午夜1点钟时，塞拉从报社下班后去找他，带他回家。佩雷斯·德尔加多总是很抱歉地对罗莎里奥说，他还是离开的好，以免给新婚夫妇带来危险，但每次都被塞拉夫妇挽留下来。

在拉法埃尔·佩雷斯·德尔加多之后，塞拉家中陆续不断地接待过许多其他朋友，有的只在他家住上一两天，有的则一住就是很长时间。著名的学者阿梅里科·卡斯特罗就曾是塞拉家的常客。他在美国教了很多年书，退休后居住在加利福尼亚，但他经常回西班牙来，每次都要在塞拉家中住上几天。

阿梅里科·卡斯特罗是个学识渊博、能言善辩的人，不管是什么人，他都能说得对方相信他的观点；而塞拉也是个极好争辩、决不服输的人。这样，年老博学的教授和年轻气盛的作家有时就会为一点小事争论起来，直争得面红耳赤、怒目圆睁，谁也不肯让步。而且，每次吵完一架后，从第二天开始便谁都不再理谁，有时连续一个星期互不理睬；最后，阿梅里科·卡斯特罗一走了之。第二年再来时，同样的"节目"还会再演一遍。

当然，在塞拉的这些朋友中，还是偶尔短住的多一些，像流亡作家森德尔就在塞拉家中住过一次，不过这次居住却以最后的不欢而散而告终。

森德尔是塞拉在美国讲学时认识的。后来，在20世纪70

年代的时候，森德尔回国后，塞拉便邀请他到家中做客。不过，森德尔到塞拉家的第一天就不顺利，他不小心从台阶上摔下来扭伤了脚，只好打上了石膏，这样行动当然不太方便了，想出去游览也不能，于是只好在家喝闷酒。为了让森德尔的心情尽快好起来，塞拉便热心地组织了一个聚会，请了几位帕尔马大学的教授——他们都是经过挑选的，多数为倾向共和派的人士。不过，在席间森德尔却向众人大讲他在美国的艳遇，这让这些大学的教授们非常不感冒，于是渐渐地都围到塞拉身边去听他神侃了。对此，森德尔感到非常没面子，心中自然有些不快。

恰巧第二天，西班牙一个电视台前来采访塞拉，记者们发现了森德尔，这使敏感的森德尔对塞拉的误解更加深了。为此，晚饭时罗莎里奥精心准备了一番，还请了其他谈得来的两对夫妇一起用餐，但是她犯了一个常识性的错误，就是过早地打开了一瓶度数较高的好酒。也许是那瓶酒与威士忌混合发挥了作用，还是鬼使神差的其他原因，反正在聊天的时候不知不觉地把话题转到西班牙内战上去了。

本来，森德尔是在西班牙内战时被迫离开西班牙，流亡到遥远的外国的，对西班牙内战有着切实的感触和痛苦，所以一谈到这个话题，森德尔立刻有些激动。在酒精的刺激下，他脸涨得通红，嗓音也越来越大。以至到最后，他激动地站起来，一面大喊大叫地指责所有在场的人都是杀害他妻子的罪人，一边一拳砸在盛满菜汤的盘子里。弄得所有在场的人都尴尬不已，而且还惊动了周围的邻居，并上了第二天当地的报纸。森德尔的这次来访到此结束了,第二天森德尔离开了塞拉的家,从此再没到他家来过。

当然,相比于森德尔的不欢而散,来这里的大多数人都跟塞拉有着长久的友谊。大作家米格尔·安赫尔·阿斯图里亚斯就是其中的一位。阿斯图里亚斯1899年生于危地马拉,是拉丁美洲最出色的作家、诗人之一。他的作品中融入了许多印第安文化的成分,是拉丁美洲民族文学的奠基人之一,并在1967年获得了诺贝尔文学奖。阿斯图里亚斯是个知识分子气很浓的人,他从来不妒忌他人,而且和塞拉的关系就像是一位对儿子的天赋和人格十分欣赏的老父亲。所以一直到去世之前,阿斯图里亚斯总利用一切机会推荐塞拉,希望塞拉能引起瑞典皇家学院的注意。同样,塞拉对这位才华过人的拉美作家也十分尊敬,为此还在《松·阿尔玛丹斯文学报》上出了一期关于阿斯图里亚斯专刊。

与阿斯图里亚斯类似,画家霍安·米罗也是一位虽然很少在塞拉家居住,但一直保持着密切来往的朋友。说起塞拉和米罗的相识,还得从一幅画说起:当塞拉早些时候在马德里居住时候,他的一位邻居是个制造赝品的画师,他从不临摹别人的画,而是以"某画家的技法"来作画。塞拉曾从他那里得到过几幅假画,其中一幅注明是米罗所作。

后来,在塞拉一家搬到帕尔马之后,有一天霍安·米罗怯生生地第一次走到塞拉家登门拜访。当塞拉把那幅画指给米罗看时,米罗竟一时不知说什么好,因为这幅画跟他画的画一点相似的地方都没有,没一点儿沾边的地方。他犹豫了半天，仍然无法做到无动于衷，便咽了口唾沫，鼓起勇气说道："这是假的。我从没画过这幅画。"

塞拉听到这话，腾地站起身来，一把抓起桌上的一柄猎刀。米罗吓了一跳，不知这位作家要干什么。只见塞拉大步走到那幅画前，挥起猎刀，从上到下将画布割成两半。米罗没想到塞拉竟是这样一个有个性的作家，一时愣住了，不知说什么好。

不过，事情的结局却是一个喜剧：后来，塞拉的妻子罗莎里奥用针线将割开的裂口缝好，十分细心地修补了那幅画。然后，由米罗把那幅画拿到他的画室，在这个缝补的画布上重新作了一幅。在这个重新作的画上，大部分的色彩和图案都是出自米罗的手笔，只是在个别地方仍保留了原来的笔触。画家刻意掩盖了画布上的刀痕，并在画幅背面挥笔写下了假画被割后复又变成真画的经历。后来，这幅画在艺术品市场的价格达到2亿比塞塔的天价。

从这件事后，塞拉和米罗建立了深厚的友谊。米罗的家也住在帕尔马，跟塞拉的家相距不远。他们二人虽然说不上是天天见面，但比一般人想象中的来往要密切得多。双方之间存在着的是一种互相尊敬和钦佩的关系。在这方面，塞拉多少受到了毕加索的影响：毕加索对米罗一直推崇备至，认为他是个不可多得的天才。而米罗对塞拉的钦佩来源于对他狂放不羁的处世方式的某种羡慕心理。这是因为，霍安·米罗是个比较内向和静默的人，他在任何时候、任何场合都会表现出一种孩童般的极度胆怯。而塞拉却在任何时候都充满着无比的自信，像一艘破冰船一样在生活中开辟出一条条道路。

后来,塞拉也在自己主办的文学杂志《松·阿尔玛丹斯文学报》上出过一期霍安·米罗专刊,这是这本杂志中所有此类专刊中的第一期,米罗为此深感兴奋。

按照塞拉对这个专刊的设计,其中要有一篇对画家的专访,而霍安·米罗却是那种对任何采访都不适合的人物,因为他特别内向和不善言辞,不论对方提什么问题,他总会用简单的词"是吗?"、"啊!"、"噢……"等来回答,什么具体内容也没有。

为此,塞拉想了许多办法,最后这篇专访的提问和回答都出自塞拉之手笔。塞拉提出一个问题,等候片刻,然后建议米罗该怎样回答,米罗赶紧点头表示赞同……当然,当后来这篇非常出色的专访出版后,画家感到十分满意,因为在那篇文章中,米罗显得爱讲话,很机智,非常出色。所以,任何人读了《松·阿尔玛丹斯文学报》上塞拉采访米罗的文章,都不会相信米罗是个不善言辞的十分内向的人。

3. 多角色的尝试

塞拉在西班牙文坛,甚至在世界文坛上都是一位多产的作家。自从选择了写作以后,由于对文学的酷爱加上无比的勤奋,他接连创作出许多洋洋洒洒的长篇小说,以及大量短小精悍的短篇故事。

除此之外，作为20世纪西班牙最优秀的作家之一，他不但在文学创作方面具有极高的成就，而且爱好广泛。不管走到哪里，他那敏锐的目光总是在搜寻着周围令他感兴趣的东西，而且对于他所喜欢的行当，往往要亲自一试身手，如记者、制片人、斗牛士和画家等。

塞拉在其漫长的创作过程中，一直同新闻业保持着密切的关系，可以说从开始文学创作时起，他就成为了一名"业余记者"，他曾经是好几个报纸和杂志的专栏作家。塞拉与其他特约撰稿人所不同的是，他不仅只精通文学创作，而且能像记者那样善于捕捉新闻，这可以说在世界上是独一无二的，因为世界上有人能够做到一身兼有这两种职业，却没有一人是像塞拉这样杰出的小说家。

塞拉写出了很专业化的报刊文章，如专访、评论、文艺批评文章等，令人感到就是出自老练的记者之手。不过，塞拉也有一条原则，就是基本上不涉及政治方面的内容。他认为政治是政治家们的事，与他无关，他只在文化领域施展身手。

除了跟报业打交道以外，塞拉还经常涉足电影和电视领域，他本人就是电视台的常客，经常被邀请去参加电视台举办的各种文化活动，如电视讲座、电视座谈或就某个问题对他进行的电视采访。

另外，作为一名享誉世界的著名作家，塞拉的许多作品也被搬上了银幕，比如《帕斯夸尔·杜阿尔特一家》和《蜂房》等等。不仅如此，他还会在电影或电视的创作过程中从事其他一些角色。如：塞拉就在根据他的小说《蜂房》拍摄的影片中扮演了一个角色。

另外，塞拉还当过电影监制和电视系列剧《塞万提斯》、《人与海》的艺术顾问。

说到对影片的爱好，塞拉曾在访谈中说过这样的一段话："我很早就开始看电影，而且很喜欢卓别林的电影，另外对一些文化气息较浓的文艺片也比较偏爱，包括最新出品的较有新意的片子。不过，我并不是个狂热的电影迷，我从来不是忠实的电影观众，因为我不是个影迷，只是有兴趣而已。兴趣不比我对文学发展的关注小，尽管我与文学的关系比与电影要近。……我从来没打算运用电影的表现手段……我从未想过导演一部影片，这是真的。"

塞拉虽然这样说，但他仍然在不同时期参与过电影制作，为西班牙电影出过力。1949年，他曾参与海梅·德马约拉执导的电影《地下室》；1950年，他参与拍摄巴列斯特罗斯导演的电影《文学系》，并在其中扮演了一位年轻的教授；1952年，他在费尔南多·费尔南·戈麦斯制作的影片《疯人院》中扮演角色。

在拍摄《疯人院》这部影片时，当时的摄制组其实预先并不了解塞拉的实际表演能力，不过为了能让塞拉这样的一个知名人物进入影片，提高影片的宣传效应，还是贸然聘用了他。

剧组人员先是到塞拉家征求他的意见："您知道吗？是这样的，我们需要一个吃草的和踢人的演员，我们想到了您。"

对此，塞拉很爽快地就答应了。塞拉在影片中扮演的是一个危险的疯子。拍摄刚一开始，塞拉很快就进入了角色，遗憾的是他"火候"掌握得不好，踢人时下脚太狠，将一名女配角演员踢得进了医院。有了这个惨痛的教训，接替那位女配角的小姐再也不敢反应迟钝了，从而最终得以从塞拉脚下"逃生"，顺利地出现在银幕上。

1979年，根据塞拉从生活中搜集的部分真实的冒险事件拍摄的影片《阿尔奇多纳傻瓜的非凡和伟大的功绩》开始上演了。在这部影片中，塞拉的名字和形象在影片的末尾出现，这时整个影片的故事已发展到高潮，塞拉以严肃的讲述者的身份，同电影的喜剧性形成鲜明的对照。他站在镜头前，用一种充满诗意和哲学意味的口吻，论述废物和傻瓜的数量和程度。由于他的参与，使这个安达卢西亚地区的故事广为流传，为影片增色不少。

1982年，塞拉又一次在电影中扮演了一个角色。这次他是在以他自己的作品《蜂房》为蓝本的影片中扮演了一个名叫马蒂亚斯·马丁的语言学家。影片中的塞拉穿着大衣，披着围脖，与另外几位著名的西班牙演员扮演的作家、诗人在"乐园"咖啡馆里聚谈。

除此之外，塞拉还为电影厂改编过电影对白。有一次，西班牙进口了一部美国影片，里面充斥着俚语和粗话，由于塞拉是这方面的专家，曾编写过《秘密词典》，所以特聘他来修改对白。

在西班牙这个国家，斗牛是一项广受人民欢迎的活动，有着悠久的传统而且占据相当重要的地位。在斗牛场上，身着漂亮的紧身斗牛服的斗牛士，每一个优美从容的动作都会赢得阵阵喝彩，那矫捷的身姿、临危不惧的镇定与凶猛的公牛构成一幅幅力与美的画面，最好地体现了西班牙民族勇敢、浪漫、喜欢冒险的性格。因此，斗牛士在这个国度里有着很高的荣誉，受到广大群众的敬佩和爱戴。

血管中流淌着典型西班牙人血液的塞拉，当然不会对这个传统色彩浓郁的活动不产生兴趣。为了能亲身扮演一下斗牛士的角色，塞拉还曾亲自拿起利剑和斗篷，拜师学艺，一试身手。他的朋友当中也有几位较有名气的斗牛士，如多明戈·奥尔特加、宾维尼达兄弟、米格尔·多米金等。

后来，在这些朋友的鼓动下，塞拉决心体验一下当斗牛士的滋味。那年，塞拉正在塞夫雷罗度假，打算在当地的斗牛场上一试身手。他弄来三头供训练用的两岁小牛，然后向斗牛士请教。

在向斗牛士学习了几招、请教了一番之后，塞拉拿着剑和红布走进沙场。后来，塞拉的儿子小卡米洛在他写的《我的父亲，塞拉》一书中写道：

> 卡米洛·何塞·塞拉报上自己的真名而不是化名，作为他对自己能力非常自信的一种表示。但是，他还没来得及表现他那斗牛的敏捷身手，塞夫雷罗的这场斗牛节目便不可避免地结束了。
>
> 我父亲说这完全应该归罪于那头小牛："一头令人

讨厌的牛,它不朝红布冲顶,专朝人腔沟里顶。"在第一次冲顶过来时,那头牛顶到了卡米洛·何塞·塞拉的胳肢窝并将他摔了出去。受到这次成功的鼓舞,那牛决定第二次冲着人身体顶,结结实实地一头撞在我父亲的肚皮上……在第三个回合的时候,卡米洛·何塞·塞拉已经有所准备了,等那牛冲起来后,他不是像规则中规定的那样,双脚稳住不动等牛冲到跟前,而是当那牛快到跟前时,我父亲向后一退,同时背信弃义地朝牛肚皮上刺了一剑。但是那牛觉出疼痛之后,转过身来再一次将卡米洛·何塞·塞拉掀了个人仰马翻。斗牛场上,正像通常所说的那样,响起呼唤上帝的声音。

在塞拉的一生中,虽然对斗牛有着很高的热情,但这项运动毕竟不是光靠智力高、有好的头脑就可以胜任的。所以,塞拉在尝试过的三次斗牛中,虽然都付出了一番努力,但最后都以失败而告终,没能制服任何一头牛,而且这三次都是以警察开枪打死公牛才收场。不过,有了斗牛的亲身经历,也让塞拉写出了一篇精彩的故事《加利西亚人和他的帮手》,而且以后又陆续创作过一些以此为主题的作品,如《斗牛场上的舞蹈》、《特里约克独立》、《胖子二世》、《斗牛士小姐》和《桑松·加西亚想说话》等。

作为一个爱好广泛的作家,塞拉还对绘画有着浓厚的兴趣,而且还于1945年在马德里市的"克兰画廊"举办过一次个人画展。在这次举办的画展中,连当时西班牙现代艺术批评家、评论界公认的"泰斗"人物、哲学家欧亨尼奥·德奥尔斯也出席观看了，此外还有其他一些研究当代艺术的学者。

在这次画展中展出的塞拉的作品显示了这位作家的灵性及其对绘画艺术的理解，表述了作者的意图，有其独特的风格。画作的题材、笔触和总体的意义，再次表明了作者的才华以及困扰着他的各种问题，包括他在文学创作中遇到的困惑。

1948年，马德里布奇蕉斯画廊举办了一次集体画展，在这次名为"当今16位艺术家"的画展中，塞拉也送去一幅名为《长辈和两个伤心的青少年》的油画参展。当时与塞拉一同参加画展的还有著名画家丹尼尔·巴斯克斯、迪亚斯、罗德里格斯·卢纳、雷东德拉、格雷戈里奥·德尔·奥尔莫、普拉内斯、吉哈罗、卡洛斯·埃德蒙多·德奥利等人。

当然，由于塞拉后来专注于文学创作，他早期的绘画尝试后来未能坚持下去。但是，他一直喜爱绘画艺术。为此，他个人收藏了一些画家的画作（包括一些著名作家业余创作的画作），并且在后来建造新居时，还特意建造了一间单独的画室。

4. 永远的争论

塞拉作为世界文坛上的知名作家，在文学创作方面取得了极高的成就，也获得了巨大的荣誉——获得了诺贝尔文学奖及西班牙国内的所有文学大奖，并当选了西班牙皇家学院的院士，受到了人们的尊敬。但在另一方面，自从塞拉在文坛上崭露头角以来，就一直是个充满争议的人物，这也许主要缘于他自己固执、放荡不羁的性格等。

在塞拉搬到森林街1号居住后，他每天下午都会到戈米拉广场附近的酒吧去喝酒、聊天。有一天，他照例走进一间酒吧与朋友喝酒闲谈。不知什么原因，那天他突然觉得十分无聊，于是便走到正在吧台另一边喝酒的一位警察跟前。

塞拉走过去很有礼貌地跟那位警察打了招呼，接着便请求对方把头盔借给他用一下。

那位警察一时怔住了："您说什么？把什么借给您？"

于是，塞拉有点不耐烦地重复了一遍他的要求，紧接着又向警察解释说他戴的头盔是市政府的财产，也就是说，是本市的财产，再或者说，是本市公民的财产，因此也就是他的或者在场的他的那些朋友的财产。

那位值勤警察被他这一大串独特的逻辑推理搞晕了头，为了争取时间，便说："是的，好吧，但是您要头盔干什么？"

"最终目的与你无关。"

"您说什么？"

"我是说，我要这头盔是为了往里撒尿。"

那警察一听塞拉借用自己的头盔是为了往里撒尿，立刻就火了，他暴跳如雷地吼叫着，威胁说他要以扰乱治安、冒犯上级和在公共场合制造丑闻等罪名逮捕塞拉和他的朋友。

Chapter 6 第六章 缪斯之外

为了避免引起不必要的麻烦,酒吧店主赶紧跑了过来。塞拉和那位警察都是这里的老主顾,于是店主便出面调解,费了很大的劲儿才使双方的情绪缓和下来。不过,虽然都不再激动了,但是塞拉仍旧坚持要那顶头盔,说这是个权利问题,而不是什么非分之想。

"问题是这位警员拒绝让人使用一件公共财产,这是不应该的。"

"可是,您是想要我的头盔撒尿!"

"您搞错了。我只要您同意我往里撒尿就够了,这并不等于真往里撒尿。"

当然,那位警察在辩论方面不会是塞拉的对手,而且根本搞不明白这种语义上的细微差别,不过最后为了尽快摆脱这个没来由的纠缠,他终于同意借给塞拉一小会儿,条件是待在他跟前不许走远。

通过这个看起来似乎很荒唐,或更像是一场恶作剧的事情,可以看出塞拉性格中的那种固执的一面。

当然,这也仅仅是他引起争议的一个小的方面,其所引起的更多的非议是他的所言所行跟他当时的身份不相符合。

许多人对塞拉当参议员的一些细节留有深刻的印象。

塞拉是受皇家指派的参议员,也就是没有经过选举,而是由当时的西班牙国王胡安·卡洛斯一世亲自指派的。塞拉进入参议院之后,对其冗长而单调的会议厌烦至极,所以常在参议院的会议上打瞌睡、走神儿。而让他感到奇怪的是:每当这时,当时参院的议长枫丹就会注意到他。说起其中的原因,从塞拉儿子的回忆中可以看出：

> 也许应该说明一下，当卡米洛·何塞·塞拉睡觉时，不亚于一场全能表演。他不只是像某个邻居的儿子那样打打鼾，他呻吟、唱歌、吼叫、哭泣、吟诗、叹息、咳嗽、打嗝和咕哝，同时都有。我还记得我和他在巴塞罗那的哥伦布饭店住过的可怕一夜。由于没有空房间了，我只能与他合用一个套房——以前我从未与他合住过。最后我只能蜷缩在客厅里过夜。但即使在客厅里，卡米洛·何塞·塞拉制造的音响效果仍追着我不放，那一刻他正发出类似母鸡唤小鸡一样的咯咯声。
>
> 最令人称奇的是，在睡得十分深沉酣畅的时候，他竟能说出一长串话而不会醒过来。我母亲大概较晚的时候才搞清楚卡米洛·何塞·塞拉的夜间习惯，有时候，她正好赶上他发表这类即兴演说的时刻，但是后来她不再探查他的夜间表现了，因为她发现没有人相信那是真的。最突出的一次是很多年前的事了，那是在我的父母刚刚搬到伯纳诺瓦区的日子里：在一个夏日的夜晚，母亲从炎热和昆虫鸣叫声中醒来。突然，卡米洛·何塞·塞拉在熟睡中翻了个身，用非常清楚的声音说道："那完全是因为小女孩吃了变质的卤制食品造成的。"

有一天，在一次例行参议院会议上，参议院议长枫丹正在讲话时，发现塞拉在打盹儿。虽然当时塞拉的瞌睡不像夜间那样"惊心动魄"，但还是引起了议长的注意，于是就在会议上提示了一下，不过当时的塞拉竟没有发觉，等到议长第二次向他讲话时，他才猛然醒过神儿来。

于是，议长不得不责怪他道："塞拉参议员刚才睡了一觉……"

塞拉一向反应迅速，刚才的瞌睡也未能影响他多少。他立刻回答说："不对，议长先生，不是刚才睡了一觉，是刚才正在睡觉。"

"反正意思都一样。"

"不，议长先生。做了爱和正在做爱不是一码事儿。"

这让议长哭笑不得，底下的议员们也一片哗然。后来，塞拉参加会议打瞌睡的形象上了当地一个叫《黑与白》的杂志，虽然报道中没有具体地提到这段小插曲，但在这本杂志的插图上，赫然刊登着的是在参院开会的塞拉正张着嘴打哈欠的照片。

不过，虽说因参加会议而上了照片，但这并不是塞拉在外界被广为传播的形象。他在公众中的形象是与他受过良好教育、颇有风度不相符合的"爱讲脏话"的恶名。这一方面要"归功"于他编的那本集粗言秽语之大成的《秘密词典》；另一方面则要"归功"于塞拉平时喜欢用平民百姓的方式讲话，很少矫揉造作、咬文嚼字，也很少使用委婉的词句。

其实，塞拉在讲话的时候，并不像人们所想的那样每时每刻都会蹦出些脏话和不堪入耳的词句。塞拉从小就受到他那位温雅的、具有英国血统的母亲的调教，养成了良好的行为习惯，不过问题是：在有的时候，塞拉时不时地会"野性"发作，控制不住自己而放肆一下。而且，他这些爆发的时候往往会在大部分人感到拘谨、无法克服心中胆怯的时刻，比如在上电视时，或是出席有很多人参加的宴会上，或是在自己举行讲座时，而这些散见于各种场合的零星插曲让塞拉的这种名声广为传播。

塞拉的儿子曾在回忆录中描述了塞拉在参加梅塞德斯·米拉和古鲁查加主持的电视访谈节目中的情形：

> 当时塞拉一本正经地说他能够用肛门吸进几升水（这种能力当然是来源于法国的佩多马诺，他控制括约肌的能力曾令现代派团体惊讶万分；卡米洛·何塞·塞拉出版了佩多马诺的那本书，是由我姨母安娜翻译的，他无法抵抗把这种能力归于自身的诱惑）。米拉和古鲁查加当时忍不住想开开心，便激将我父亲，让他当众演示这种技巧。但是，卡米洛·何塞·塞拉泰然自若，要来一个盛满温水的脸盆，事情便到此为止了。我们的电视台还未成熟到足以走得更远的程度。

虽然出现这种事情说明塞拉常常对一些清规戒律表示蔑视，但是这样的事情出现在一个著名的作家身上并在电视上出现，当然会让观众感到非常惊奇。除此之外，塞拉也经常会在一些重要的社交场合做出某种违背社交礼仪的举动，或者是让当时的上流社会中人所无法接受的行为。

有一次，塞拉去参加一个规格较高的礼宾宴会。当时，在塞拉旁边坐着的是一位当地非常出名，而且很有身份的太太。在整个晚餐过程中，这位名门太太大谈社交礼仪这一类的东西，这让一向对这类东西比较蔑视的塞拉感到非常的无

Chapter 6　第六章　缪斯之外

聊。后来，当再也忍受不住的时候，他抓住一个机会，当所有在场的人同时安静下来的一瞬间，他放了个响屁。

在那一时刻，整个会场变得鸦雀无声。这时，塞拉缓缓地转过身来，对着坐在一旁的那位大惊失色的高贵夫人，用不太大但足以让所有人都能听见的声音说："太太，您不必担心，咱们就说是我放的。"

当然，这事也很快地在私下里传播开来，再加上报纸和杂志的作用，关于塞拉的一些传闻和流言蜚语很快就传遍了西班牙全国。塞拉在某些正式场合的无所顾忌、狂放不羁，再加上五花八门的各种关于他的流言蜚语，使他在公众中的形象受到很大的伤害，也成了西班牙历史上永远的争论人物。

5. 尾声

当塞拉终于名至实归地在他80岁的时候获得了迟来的西班牙语文学的最高奖——塞万提斯奖时，这位拥有一百多部作品（其中，他的《帕斯夸尔·杜阿尔特一家》再版二十多次并被翻译成所有语言）的著名作家在颁奖前特意接受了记者的专访。

在这次专访中，塞拉耐心地回答了记者提出的所有问题，不但包括自己的文学创作和日常生活，还包括对其他一些事情的看法和自己的观点。

记者：当下星期二您从国王手中接受塞万提斯奖时，您将会觉得在与官方文化的这场较量中您终于赢了吗？

塞拉：不，女士，完全不是。您这样向我提出问题是个错误。我不认为官方文化曾与我作对。如果说有某个不大考虑后果的部长与我作对，那是另外一回事。但是，不管哪种情况，我都不把这理解为一场较量。如果我这样理解，那将是一个错误。我们都走进了一条死胡同，您不觉得是这样吗？那是不明智的，产生了一种不合逻辑的状态。在没授给我塞万提斯奖的年复一年当中，我很高兴当传统的维护者。当授予我这项奖时，我为传统被突破而高兴。这是一种人为的、不合逻辑的和泥古不化的状态。

记者：这与您和西班牙年轻作家们之间保持的状态相同吗？您曾指责他们一贯否定您的文学价值。

塞拉：随他们去吧。有些人对于没把塞万提斯奖授予我曾表示非常庆幸。我认为弗洛伊德划定的那些准则仍在起作用，"杀父情结"促使他们想摈弃我。我不需要摈弃任何人。我想说的是,我有足够的自信心,我不必对任何人赶尽杀绝以便在某个名册上占据一席之地。此外,我认为也不应该存在什么名册,因为文学是一门能够容纳我们所有人的艺术。

记者:您不认为您有一种高傲的性格,而有时这会妨碍别人承认您的文学价值吗?

塞拉:的确如此,但我就是这样一种人。这就好比责怪一个人是黄头发或黑皮肤。帕科·翁布拉尔也是个高傲的人,而他比我更年轻。人们要大惊小怪就随他去吧。我总是说在西班牙爱大惊小怪的人比干事出格的人多得多。

记者:您总是以故意生事来取乐,对您来说那是无可指责的事。

塞拉:因为那很有意思。这么多年当中,我对惹是生非乐此不疲。

记者:当您说唯一一个待在其位置上的西班牙人就是国王时,也是一种挑衅的说法吗?

塞拉:完全不是。我是很严肃地说这话的。要知道,他(国王)当时来到的时候,没有人待在应该待的位置上。就连国家的政府首脑也都是军人。太荒唐了。您大概不会对我说那是正常现象吧?

记者:您同政治家之间,至少同社会党政治家之间,也不存在良好的关系。

塞拉:这是因为,从总体上,除去个别例外,他们都是些二三流的人物。大概有一两个例外。这也不必大惊小怪,因为这是在全世界都会发生的事。

记者:随着人民党的上台,您认为各方面都会改善吗?

塞拉:改善状况并不困难。在这个腐败变成了全民体育运动的时代,只要新的政府首脑做到最低限度的正派,他们就能成功。我并不指责所有的社会党人。我的本意根本不在此,这很清楚。我所要求的是为政清廉。

记者:有一段时间以来您没再向女权主义者们挑衅了。

塞拉:因为这要看在您面前的是谁。我总是说和你们打交道令人愉快:你们都相貌可人,看着你们是令人愉快的,但是随即发现,你们有很多瑕疵,我觉得是缺少点最后的加工。有一天有那么一位咄咄逼人的女权主义者来到我面前,交谈中她要求我选择三种喜欢的动物。我看出那是个十分简单的把戏。我给她的回答是:按这个顺序,狗、女人和马。您没看到她当时的表情,不过我早就得出一个结论,在马德里所有的人都想从别人那里占便宜。

记者:极端倾向除外,但的确有令人奇怪之处,比如:在皇家语言学院里目前没有任何女院士。

塞拉:那是另外一回事。以前有过两位,已经去世了。对妇女和男人有同等的权利我毫无异议。说实话,我不相信有谁会对此提出异议。但是,男女都一样却是另一回事,是另一个概念。坦率地说,我认为皇家学院的事不是个大男子主义的问题。让我们数一数人名:安娜·玛丽亚·马图特,卡尔米尼亚·马丁·盖特……就再没有了。假如想找一个贵族的代表,那里有卡耶塔娜·德·阿尔瓦,但是那将是个纯粹装饰用的头衔。可能会有女院士的,不过事情不能勉强。我认为妇女不应当接受25%的比例的规定。我极力反对这种做法,就像反对妇女节、狗节或者弱智人节一样。如果妇女是有地位的,为什么是25%而不是更多呢?如果妇女缺少才智,那又为什么要占25%呢?平等应当随时体现出来,承认每个人——无论男人或是女人的应得的权利。

记者:您仍在撰写您的自传吗?

塞拉:我已经写过两卷。第一卷写到我9岁时,在第二卷中讲述了从我迁居马德里之后到19岁的事,包括战争期间那些激动人心的年月……那些紧张的形势颇能给人教益。不能够说战争是好事,因为那令人难以理解,但我这么说的意思是它促使你更快地成熟起来。我指的是过去那种战争,而不是按动电钮就能造成毁灭性结果的战争。在那个特定的环境里,我当时已经满20岁,一下子,你发现许多曾认为高尚的东西在你眼里变得一钱不值,另一些你曾不当一回事的东西,却在你心中有了较高的评价。

记者:您也在继续编纂地方志吗?

塞拉:这是一部好几卷本的西班牙民间地方志,目前尚处在准备阶段。它能够成为一本很好的书，因为随着工业化过程，所有的传统表达方式（成语、歌谣、谚语）都受到了忽视。我和一帮硕士生在做这件事，他们正在研究，这工作既有意义又很困难。第一卷涉及总论和西班牙，第二卷涉及马德里社区，不过我认为要出书还得两年。

记者：您放弃纯粹的文学创作了吗？

塞拉：说不定哪天我会重新回到《黄杨木》的创作中，看看我是否有能力继续创作。我心中很过意不去，但是我进行不下去了。授予我诺贝尔奖后中断了此书创作并搁置在那儿。诺贝尔奖改变了一切。因为它就像是一场大动荡。我认为我写就的东西对我不再有用，因为有很多斧凿的痕迹。不过，我又重新精神饱满地开始创作了，因为我是个很勤奋的人。

记者：您每天花多少时间进行写作？

塞拉：可以说全天。您知道我妻子和我住在乡下，在瓜达拉哈拉。同这个国家的习惯相比，我起得较早，在8点至8点30分之间。洗漱之后，吃完早饭我便开始工作。翻阅几份报纸，看看信件，其中大部分不言自明，然后我就开始写作。中午时我出去散散步；吃饭后睡个午觉，然后再投入写作。我用手书写——既不用电脑也不用打字机。无论是圆珠笔、铅笔或钢笔对我都一样。我唯一的要求是用学校的那种作业本，以免丢失我的手稿。

Chapter 6　第六章　缪斯之外

记者：您经常接到许多请您赐教或阅读其作品的年轻作家的来信吗？

塞拉：不。我觉得他们知道我不干这种事。我接到最多的一类信，可以说是些荒唐的信，有向我要钱买公寓的、要钱去旅行的。我有许多情书，也有许多死亡威胁信。在授予我诺贝尔奖时，我曾接到印度一位先生的来信，向我要钱操办女儿的婚事。另外一位蒙古的先生告诉我说他需要更换汽车。而我表示遗憾，我决不掏钱纵容恶习。

从这次专访中，我们可以看出，作为一个80岁的老人，塞拉还保持着他一贯的性格，仍然有着巨大的创作活力和众多的创作计划。就在这次专访的一周后，在塞拉80岁生日的那天，塞拉从国王胡安·卡洛斯一世手里接过了塞万提斯奖杯，并当场宣讲了他的获奖感言，在他的获奖感言中，塞拉用了很大的篇幅，来表达自己对语言的热爱之情：

在这如此令人振奋和庄严的时刻，我很想颂扬一下语言并坦承我对语言的热爱。为此，我从申明我的良好愿望开始，即用简练的语言来说我想说的话。记得也是在《贝雪莱斯和西吉斯蒙达》一书中，塞万提斯提醒我们说，没有冗长的讲话会令人觉得很好，哪怕它是篇好讲话，而在《堂·吉诃德》一书中，当他要求讲话简短时，他向我们传达了同样的道理，因为没有任何冗长的讲话令人感到愉快。在这同一本书中，他提倡简练，号召反对装腔作势，因为所有矫揉造作都糟糕透顶。

我热爱语言，因为其中蕴含着思想，留驻着文学的生命之卵。是对这一奇特而几近神秘的星球的关注，在今天这个春季的上午，将我们聚集在这里。歌德惧怕语言，繁复的语言——在《浮士德》中他说，当缺乏思想时，总有语言可用来替代它们。但是，我现在说的是另一件事，我现在探讨的是语言特殊的本质。

我一向热爱语言，有时就如同爱上一个女人，带着狂热、激情和失态，而这冲动一时的爱麻木了我的感情，因为如《堂·吉诃德》中所说，爱情泛滥的地方，并非注定就有很好的结果。既然我热爱语言并且也赞扬语言，我就敢于赞扬它并甘冒风险，哪怕冒着全力以赴却违背了我的初衷的风险，因为又如《贝雪莱斯和西吉斯蒙达》中所说，溢美之词越是从好人口中说出就越好，而溢美者越是恶习缠身的顽劣之徒则越糟。让我们再次仰仗运气吧。在《爱的迷宫》中。塞万提斯用谣曲唱道：

当爱情是纯洁的时候，

爱便是向往美好；

如果缺少这个理想，便不是爱，

而是毫无节制的欲望。

这里，我首先产生的是疑惑，继而是惊诧。因为，我是以这种方式热爱语言和它繁茂的树林——文字的吗？我是希望它们成为最好的而不是最持久的、漂亮的和有效的吗？我会将爱与放纵弄混了吗？我会本末倒置,把妒忌当成畏惧吗?当塞万提斯对爱情徒加限制的时候,难道不是他犯下了错误?那并非必经之路,因为溢美之词,就像献给酒神的赞歌和激动的情绪,浮游在与炽热的感情或头脑毫不相同的河道中。

先生,夫人。我正在接近终点,我的讲话还剩一个尾巴没有讲完,我请求你们耐心一点听我最后的陈述,因为和孤独的阿米耶尔一样,我不能够满足于我一个人占有真理。早在几年以前,以接受阿斯图里亚斯亲王奖为契机,我有幸公开地,在以当时尚在西班牙的堂菲力普王子殿下为首的尊贵的听众面前说过,坚持不懈者,必然胜利。我是在高贵的奥维多城说这番话的。今天,当着两位陛下的面以及同样儒雅和尊贵的忠实听众,我要重复这句话,而这次是在位于西班牙首都和天堂之间的高贵的城市阿尔卡拉·德·埃纳雷斯。

我的确冒昧地用我最坦率和诚恳的话语作了陈述,我的确想用我最准确和真切的口吻告诉大家,今天的这个成功不是我个人的成功,而是在大海的这边或者那边用西班牙语说出的语言的成功。在米格尔·德·塞万提斯的每个周年纪念日里,这种语言便出现在陛下面前并永远抵抗一切侵蚀。我只不过是文学这副药的可变化的赋形剂(用过就可以扔掉)。塞万提斯在《贝雪莱斯》神秘而启迪心智的章页中说道,愧悔是治愈心灵疾病的良药。我不会后悔看到自己在笔耕中度过了整个一生,我也不可能使写作中度过的一生倒退回来,况且我并不想，也不应该使它倒退，继而还要宣告我对自己职业的忠诚。想到语言有其自身的最好奖励，我就感到无比振奋。

　　我感谢上帝也感谢所有的人，因为他们不愿意我缄口也不愿意我终止。

也许正是由于塞拉这种对语言的热爱和对文学的执著，才激励着他不停地写作，为本民族的文化积累做出了贡献，也为世界文学宝库增添了许多优秀的作品，从而一步步登上文学的最高圣殿，成为西班牙文学史上继塞万提斯、加尔多斯之后又一个里程碑。

2002年1月17日，西班牙有史以来最伟大的作家之一卡米洛·何塞·塞拉因病去世。塞拉的去世牵动了整个西班牙人民的心，西班牙国王胡安·卡洛斯、王后索菲娅和首相阿斯纳尔均在当天亲赴塞拉去世的诊所，为他的遗体送别。第二天，西班牙各大报连篇累牍地刊登纪念和称颂文章。其中，著名作家弗朗塞斯科·乌布拉尔在《世界报》发表的文章《伟人之死》中写道：塞拉的去世标志着"最后一位伟大的西班牙作家的消失"。

Appendix

CAMILO 附 录
JOSÉ CELA

塞拉生平

卡米洛·何塞·塞拉是西班牙著名的作家。他于1916年5月11日出生于西班牙加利西亚省的一个风景优美的小镇里。塞拉的父亲是西班牙人，母亲则是英国人。塞拉的童年大部分时间都是在加利西亚的老家度过的。9岁的时候，塞拉跟着父母来到马德里。在马德里念完中学后，先后学过医学、哲学和法学。塞拉曾当过军人和斗牛士，也做过官员、画家和电影演员。1957年，年仅41岁的塞拉当选为西班牙皇家学院的院士，稍后又担任国会参议员。

塞拉从小就酷爱文学，早在大学时代就开始写作。1935年，塞拉以诗集《踩着可疑的阳光走》踏上文坛。1942年，他的第一部小说《帕斯库尔·杜阿尔特一家》出版后，引起文坛轰动，从而一举成名。塞拉的这部作品被誉为西班牙文学一个新的里程碑，在西班牙小说中，影响仅次于《唐·吉诃德》，并在后来被评为十部西班牙语最佳小说之一。

在这以后，塞拉又陆续出版了反映肺病患者悲观绝望生活的长篇小说《静心阁》、讽刺当时西班牙社会生活的长篇小说《小癞子新传》以及短篇小说集《飘过的那几朵云彩》、诗集《修道院与语言》、《阿尔卡里亚之歌》和游记《阿尔卡里亚之旅》等。

1951年，塞拉花五年时间写成的长篇代表作《蜂房》出版。小说共分六章和一个尾声。它通过首都马德里的小咖啡馆等场所，向读者介绍了来自中下层社会的芸芸众生，展示了他们在西班牙内战期间的三天生活景象。由于《蜂房》在创作艺术手法上的独特之处，因而被誉为"一部开创了西班牙小说新时代的伟大作品"，进一步奠定了塞拉在西班牙文学界的重要地位。

塞拉是西班牙文学史上继塞万提斯、加尔多斯之后又一个里程碑，是西班牙最负盛名的作家之一。他不仅是战后复苏和重建西班牙文学的先驱者，开辟了一代文风，而且对拉丁美洲的文学也产生了重大影响。

1989年10月19日，塞拉因"作品内容丰富，情节生动而富有诗意"、"带有浓郁情感的丰富而精简的描写，对人类弱点达到的令人难以企及的想象力"，而被瑞典皇家学院授予当年的诺贝尔文学奖。1995年，塞拉又获塞万提斯文学奖。

2002年1月17日，塞拉在西班牙的首都马德里逝世。

获奖辞

在今天这样的场合,登上这个如此难登的讲坛向你们致辞,我不免产生这样的疑问:会不会是语言的光彩(这一回是我的语言)使你们目眩,从而对我的真实价值产生错觉?因为我自知才学甚浅,配不上你们授予的至高奖赏。用西班牙语写作并非难事,这种语言是神的赐予,我们西班牙人其实知之甚少。我感到欣慰的是,诸位所要褒扬的是一种辉煌的语言,而不是这种语言的一个普通祭司,一个侍奉这一语言的种种表达手段的仆人。人们可以感到高兴并引以为训的是,文学是属于所有人并为所有人享用的艺术,尽管它不屈从于任何人,只听从我们自己的角落及我们时代的低沉和不知名的声音。

我在孤独中写作,也在孤独中讲话。马特奥·阿莱曼所著的《古斯曼·德·阿尔法拉切》以及几乎与此同时的弗兰西斯·培根的随笔《论孤独》,都说过寻找孤独的人很像神或牲畜。使我欣慰的是,我并未寻找孤独,而是与之不期而遇。我在孤独中——并且自认为是恬淡而心甘情愿地思考、工作和生活,也在孤独中写作和说话。始终与我的孤独做伴的是我的另一位故交与师长——毕加索的这样一个推断:只有巨大的孤独才能产生永恒的作品。由于我以斗士的面貌游历人生,所以我能坦然地甚至带着某种感激和痛苦的梦幻来谈论孤独。

我们所能获得的最大奖赏莫过于知晓我们能够说话，能够发出连贯的声音，说出用来标明物体、事件及情绪的词语。哲学家在给人下定义时，历来求助于邻属及诸种差别这些手段，即指出我们的动物特性及诸种差别的发端。从亚里士多德的"社会动物"到笛卡儿的"理性灵魂"，所有这些概念从来都是区别人与兽的必不可少的标志。我倒认为不难找到足够的根据来论证人的本性的最终根源——使我们有幸和不幸地区别于其他动物的这一根源——应追溯到语言这一特点，尽管品性论者对此深表怀疑。

通过思想，人可以逐渐发现踪迹不定的隐藏着的真理，但是虚构的存在又使人能够创造一个与其所处世界和所希望达到的境界不同的世界。真实、思想、自由和虚构，就这样被一种艰深的，有时是含混的关系及一条分出不少歧路（甚至犹如迷宫）的永远走不出的黑暗通道所联结。但是，处境越危险就越有理由去冒险，历来如此。

……

从这里也许能引出一个隐含的道理：文学的界限恰好就是人性的边界，它标明了神和魔鬼属性之外的天地（从另一方面来讲，这后两种属性又极相似）。我们的思维能够想象造物主，人类文化轻而易举地创造了宗教这一事实便是一个明证；我们的虚构能力能为阐明这些宗教提供有用的文学基础，从荷马史诗的时代起，我们就一直如此行事。然而即便这样，我们也绝不会最终混淆了我们的人性，并把一个奴隶内心深处跳动着的微弱的自由之火一下子扑灭——可以逼迫这个奴隶服从，但不能迫使他去爱；可以使他受尽折磨而死，却无法改变他深层的思想。

当盲目骄傲的唯理论让《圣经》中的那一诱惑在受过启蒙的人心中死灰复燃时，没注意到人类已经在这条道路上超出这个目标很远了。多少世纪以来，人为"变作神"而奋斗，贫困和骄傲是其里程碑，它们给了人们一个很好的教训：通过努力与想象，人最终可以成其为人。

我不能不骄傲地宣告：在这个很大一部分尚未完成的事业中，虚构在任何时候、任何情况下，都是一个决定性的工具，它能够在通向自由的、无尽的征途上为人们指引方向。

获奖时代背景

1931年，西班牙推翻封建君主专制制度并建立了第二共和国之后，国内的局势就一直动荡不安，社会矛盾日益激化。一方面，由军队、僧侣及富豪组成的右翼集团对共和国怀着极为仇视的态度，一直从事着颠覆和破坏活动；另一方面，共和国内部的左翼社会党人和一些工会组织则认为共和国的政策还太软弱、太保守，对资产阶级有些过分地偏袒，他们主张进行彻底的革命，即消灭资产阶级，建立一个真正为无产阶级服务的工农政府。这样，西班牙国内的左翼和右翼两大集团为了维护各自的信仰和利益，一直进行着对抗和冲突。

1936年，代表左翼集团的共产党、社会党以及左翼共和党等组织联合成立的"人民阵线"在选举中获胜后，不甘心失败的右翼集团采取了罢工、恐怖行为、游行示威和骚动等手段，引起了国家经济和政治生活的混乱。

1936年7月18日，西班牙内战全面爆发，在西班牙的所有城市几乎都发生了战斗。在这次的西班牙内战中，武装力量80%的官兵以及大部分的国民警卫队站在以佛朗哥为首的叛乱分子方面；而普通劳苦大众则自发地武装起来捍卫共和国，与叛军展开了激烈的战斗。

1939年4月，经过了三年的浴血奋战之后，以佛朗哥将军为首的叛军取得了这次战争的最后胜利,西班牙共和国被一个法西斯独裁政权所取代。这场历时三年的内战给西班牙人民带来了巨大的灾难,据推测,仅在战场上的死亡人数就达到近百万。而在后方根据地,也有20万人被杀,将近50万人被迫离开西班牙,流亡到欧洲和美洲各地,还有数十万幢房屋和几千座教堂被毁。

这次内战不仅对西班牙造成了巨大的物质损伤,对西班牙人民造成的精神创伤更是不可估量,在以后相当长的时间内,内战的阴影一直笼罩在整个西班牙民族的心中,对西班牙社会各个领域造成了久远深刻的影响,尤其是对包括塞拉在内的20世纪30年代的年青一代的成长产生了巨大的不可估量的影响。

1942年,西班牙大地内战刚刚停止,万物都处在萧肃之秋时,塞拉创作的第一部小说《帕斯夸尔·杜阿尔特一家》出版了。这部小说一举打破当时西班牙文坛万马齐喑的局面,引起全国轰动,开创了"战后小说"的先河,在西班牙文学创作界、批评界和读者中引起强烈的反响。它以恐怖的情节使文坛震动,从而率先给西班牙第二次世界大战后沉寂的小说创作注入了某些生气,也使当时年仅26岁的塞拉成为西班牙文学界一颗冉冉升起的耀眼的新星。

接着,作为一位富有挑战精神和革新精神的作家,塞拉又相继发表了著名的代表作《蜂房》和《静心阁》、《小癞子新传》、《考德威尔太太与儿子的对话》、《金发女人》、《1936年的圣卡米洛节》、《早待第五集》、《为两个死者演奏的玛祖卡舞曲》及《圣安德烈斯的十字架》等作品，成为西班牙文学史上继塞万提斯、加尔多斯之后最负盛名的作家。从而在1989年，在同包括略萨、帕斯、富恩特斯、格林、格拉斯、昆德拉、欧茨等一大批世界公认的名家的竞争中脱颖而出，一举摘得当年度的诺贝尔的文学桂冠。

塞拉年表

1916年5月11日，卡米洛·何塞·塞拉出生在西班牙加利西亚自治区、拉科鲁尼亚省的一个乡村小镇伊里亚·弗拉维亚。父亲是海关官员，母亲有英国人和意大利人的血统。塞拉在外祖母身边生活了9年。

1925年塞拉随父母迁居到首都马德里，先后在几所教会学校中接受教育，但他对学习毫无兴趣。

1931至1936年，西班牙末代波旁王朝被推翻，第二共和国建立。此时塞拉在父亲办的海关学校中学习。他开始喜爱上文学，背着父亲偷偷去大学的哲学和文学系听课，并曾学习过一段医学专业。这期间患了肺结核病，休养时阅读了大量的古典文学。

1932年，塞拉第一次外出旅行，到过法国、比利时和英国。他最初的作品见于1935年，阿根廷拉普拉塔市的《寓言》杂志发表了他的第一首诗《无尽的爱》。

1937年10月5日，塞拉作为当年的预备役青年，应征入伍，在佛朗哥的拜伦第24步兵团服兵役。直到军事医学法庭宣布其完全丧失作战能力时，他才回到拉科鲁尼亚的家中。服兵役期间，他仍坚持读书，为以后的文学创作打基础。

1942年，塞拉发表第一部小说《帕斯夸尔·杜阿尔特一家》，该书引起极大轰动。文学批评界有人指责塞拉为"恐怖现实主义"作家，而他的崇拜者们于12月25日在"民族"咖啡馆为他举办庆祝活动。他担任《梅迪那》、《向上》和《插图与标记》杂志的撰稿人。

1943年，塞拉以连载的形式在《西班牙人》杂志上发表长篇小说《静心阁》，其中一些内容为他个人生病时的切身体验。同年，他发表《在牧师会教堂的阴影中》。

1944年，《静心阁》由马德里阿瓜多出版社出版。发表《小癞子新传》。塞拉与罗莎里奥·孔德结婚。

1945年，在1936年创作的部分诗歌结集出版，取名为《踏着白天游移的光》；同时发表诗歌《寺庙与话语》；发表散文《乱糟糟的桌面》和短篇小说集《飘过的云彩》；开始写作长篇小说《蜂房》。

1946年，英文版《帕斯夸尔·杜阿尔特一家》在伦敦问世。

1947年，发表短篇小说集《卡宾枪手的漂亮罪行》和《绰号收集者》。

1948年，步行游历了阿尔卡利亚地区后，撰写并发表了《阿尔卡利亚游记》和《阿尔卡利亚诗歌集》；出版了一部传记《圣胡安·德·拉·克鲁斯》。

1949年，塞拉创作了《加利西亚人和他的同伙及其随笔》。

1950年，《帕斯夸尔·杜阿尔特一家》被翻译成七种文字在不同的国家出版。《蜂房》一书的第一章在《西班牙美洲日志》上发表。

1951年，《蜂房》一书在西班牙被禁止出版，最终由阿根廷布宜诺斯艾利斯的"埃梅赛"出版社出版。小说在西班牙国内被广泛地传阅，在评论界引起强烈反响。发表短篇小说《橙子是冬季的水果》。

1952年，发表游记《阿维拉》和《从米尼奥到比达索亚》以及短篇小说《不受赏识的蒂莫特奥》和《圣巴尔比娜》。

1953年，发表小说《考德维尔太太与儿子交谈》、《艺术家的咖啡馆》、《作品杂糅》以及《信手拈来》。

1954年，发表散文集《梦境与幻想》。

1955年，受委内瑞拉政府委托创作的关于美洲的历史小说《黄头发的女人》出版。《加利西亚人和他的同伙》发行第二版，增加了部分内容，并发表《我在加斯蒂利亚的流浪生活》。

1957年5月26日，塞拉正式成为西班牙皇家学院院士。

1957至1959年间，用现代语言译写古代史诗《熙德之歌》。

1958年，发表《盲人》和《傻瓜》。

1959年，发表《首次安达卢西亚之旅》、《哈恩、塞维利亚、韦尔瓦及其地区流浪记》以及自传小说《玫瑰》。

1960年,《瓜达拉马纪事》以及《老朋友们》第一集出版。《两首盲人歌谣》以彩色插页的方式发表在《松·阿尔玛丹斯文学报》上。

1961年,发表《老朋友们》第二集和《98年代四杰:乌纳穆诺,巴列·因克兰,巴罗哈,阿索林和其他西班牙作家及散文》。

1962年,发表《饿汉的滑梯》和《没有爱情的寓言集》。巴塞罗那的"德斯提诺"出版社出版《塞拉全集》,共分15卷。

1963年,发表《孤儿们的地下赌场》、《合适的伙伴及其他伪装和糊涂》、《克萨达的孤独和梦境》、《沙龙里的嘲弄》以及《十一个关于足球的故事》。

1964年,美国纽约州锡拉丘兹大学授予他名誉博士头衔。发表《伊萨斯,拉比萨斯,克利波特拉斯》。

1965年,发表《莱里达省的比利牛斯山之旅》、《英雄的家庭》、《马德里新场景》、《旅游地理杂记》及《公民伊斯卡略特·莱克卢斯》。

1966年,在帕尔马的伯纳诺瓦落成的新家中庆祝50寿辰。发表游记《马德里》。

1967年,发表《美利坚合众国之行》以及剧本《玛丽亚·萨比娜》。马德里举办纪念《帕斯夸尔·杜阿尔特一家》发表25周年的活动。

1968年,塞拉编纂的《秘密词典》第一卷出版,该词典至1971年全部出齐，共两卷，是一部专门收集黑话、粗话、脏话的词典。

1969年，发表长篇小说《圣·卡米洛，1936年》和儿童文学作品《鸽子群》、剧本《草料车》以及散文集《为了有用》。

1970年，塞拉创作的宗教剧《玛丽亚·萨比娜》在马德里和美国纽约市首次上演；继续编写《秘密词典》。发表游记《巴塞罗那》。

1972年，马德里"萨拉"出版社出版其散文集《地球》，该出版社还以《瞬间的照片》为书名再版了1956年出版的《马德里新场景》一书。

1973年，发表散文集《围绕着西班牙》，长篇小说《复活节早祷式》和短篇小说集《生锈的幼儿学步车》，由巴塞罗那的"诺盖尔"出版社出版（其中收进了《西班牙历史》、《傻子》、《盲人》、《英雄的家庭》、《公民伊斯卡略特·莱克卢斯》、《美利坚合众国之行》以及《两首盲人歌谣》等篇目）。同年，出版了塞拉全集中的9卷。马德里"埃斯帕萨·卡尔佩"出版社出版他的游记《倒霉的流浪者的叙事歌谣》。

1974年，发表儿童文学作品《洗完澡之后阅读的故事》。《圣·卡米洛，1936年》被分别翻译成法文和葡萄牙文在法国和葡萄牙出版。

1975年，翻译出版西班牙文版的布莱希特戏剧《阿尔图罗·魏的有限发迹》。

1976年，编纂出版了《色情百科全书》共60分卷。发表叙事小说《王八蛋名册》，由巴塞罗那的"诺盖尔"出版社出版。

1981年，发表故事《工作间的相册》以及散文集《翻滚的叶子》和《连通管》。发表故事集《镜子和其他故事》，其中收录了过去发表过的几个集子中的篇目。

1983年，发表长篇小说《为两个死者演奏的玛祖卡舞曲》和散文集《一副三股穗》。同时开始创作关于他的家乡加利西亚的三部曲之中的第二部《黄杨木》。

1984年，他的小说《为两个死者演奏的玛祖卡舞曲》获得了"国家文学奖"，这是他首次获得一项官方的奖励。

1985年，发表儿童文学作品《上门售货员的才能》。

1986年，发表儿童文学作品《男孩儿拉乌尔的耳朵》和散文集《布里丹的驴子》以及游记《新阿尔卡利亚游记》。此外，还将他的部分献辞结集出版，书名即为《献辞》。

1987年，发表散文集《西班牙谈话》。同年，因其杰出而丰富的文学创作荣获西班牙"阿斯图里亚斯亲王奖"。

1988年，发表长篇小说《基督摒弃亚利桑那》。

1989年10月，瑞典皇家学院将1989年诺贝尔文学奖授予塞拉。

1989—1990年，巴塞罗那"命运"出版社和"行星"出版社出版了37卷本的《塞拉全集》。发表诗集《沙钟日晷血时计》。西班牙电视网的马德里文献中心将历次对塞拉的采访谈话和他参与的电视节目的文字整理出版了《塞拉在西班牙电视台的谈话》一书。

1994年，出版长篇小说《对堕落者的谋杀》和《圣·安德雷斯十字》，后者获第43届"行星"文学奖。

1996年4月23日，获得西班牙语世界最重要的文学奖——塞万提斯文学奖。西班牙国王胡安·卡洛斯、王后索菲娅亲临颁奖仪式，国王发表了讲话。

2002年1月17日，塞拉在西班牙首都马德里逝世。

获奖当年世界大事记

(1989年)

1月3日，长江葛洲坝水利枢纽工程宣告建成。

1月7日，日本昭和天皇崩。皇太子明仁亲王即位，改元平成。发表会由官房长官小渊惠三主持。

1月9日，澳门政府宣布特赦境内所有未满18岁的非法入境者，大批家长携同子女前往登记。

1月10日，古巴开始从安哥拉撤军。

1月20日，乔治·赫伯特·沃克·布什就任美国总统。

1月21日，匈牙利共产党被迫放弃了宪法中保障的唯一领导党地位。

2月14日，美国全球定位系统第一枚工作卫星成功发射升空，并进入太空轨道。

2月15日，苏联军队全部撤出阿富汗，长达10年的阿富汗战争结束。

3月，蒙古外长贡布苏伦访华。

3月7日，伊朗与英国断绝外交关系。

5月2日，匈牙利被迫开放对奥地利的边界。

6月24日，中国共产党十三届四中全会选举江泽民为中共中央总书记。

7月19日，联合航空232号班机因引擎故障，在美国苏城紧急降落时坠毁，事件中有111人死亡，185人获救。

8月25日，旅行者2号太空探测器通过海王星以及其彗星海卫一。

10月17日，美国加州旧金山发生6.9级大地震，四日后始找到生还者。

12月3日，美国总统乔治·赫伯特·沃克·布什与苏联领导人戈尔巴乔夫在马耳他举行高峰会，象征"冷战"的结束。

图书在版编目（CIP）数据

塞拉传 / 杨中秋 著. —长春：时代文艺出版社，2012.1（2023.7重印）
（诺贝尔奖获奖者传记丛书）

ISBN 978-7-5387-3918-3

Ⅰ.①塞... Ⅱ.①杨... Ⅲ.①塞拉，C.J.(1916~2002)–传记 Ⅳ.①K835.515.6

中国版本图书馆CIP数据核字（2011）第274296号

出 品 人　陈　琛
责任编辑　李贺来
助理编辑　孙英起
装帧设计　孙　俪
排版制作　隋淑凤

本书著作权、版式和装帧设计受国际版权公约和中华人民共和国著作权法保护
本书所有文字、图片和示意图等专用使用权为时代文艺出版社所有
未事先获得时代文艺出版社许可
本书的任何部分不得以图表、电子、影印、缩拍、录音和其他任何手段
进行复制和转载，违者必究

塞拉传

杨中秋 著

出版发行 / 时代文艺出版社
地址 / 长春市福祉大路5788号　龙腾国际大厦A座15层　邮编 / 130118
总编办 / 0431-81629751　发行部 / 0431-81629755
官方微博 / weibo.com / tlapress　天猫旗舰店 / sdwycbsgf.tmall.com
印刷 / 三河市嵩川印刷有限公司
开本 / 850×1168毫米　1 / 32　字数 / 130千字　印张 / 6.5
版次 / 2012年4月第1版　印次 / 2023年7月第3次印刷　定价 / 36.00元

图书如有印装错误　请寄回印厂调换